The Builder

REVISTA PARA EL ESTUDIO DE LA MASONERÍA

THE BUILDER

Revista para el estudio de la masonería

Publicado mensualmente por la
National Masonic Research Society

JOSEPH FORT NEWTON

No. 15

EDICIÓN ORIGINAL Marzo, 1916	REEDICIÓN ESPAÑOLA Octubre, 2025

Edición histórica

Publicado por
MASONICA
Ediciones del Arte Real

© 2025 ENTREACACIAS, S.L.

ENTREACACIAS, SL
[Sociedad Editora]
Covadonga, 8
33002 Oviedo - Asturias (España)
info@masonica.es

Primera edición: octubre de 2025

ISSN: 2695-8899
ISBN (edición impresa): 979-13-87560-56-0
ISBN (edición digital): 979-13-87560-57-7
Depósito Legal: AS 00143-2020

(The Builder es un foro abierto para el debate libre y fraternal. Cada uno de sus colaboradores escribe con su propio nombre y es responsable de sus propias opiniones. Creyendo que una unidad de espíritu es mejor que una uniformidad de opinión, la Sociedad de Investigación, como tal, no defiende ninguna escuela de pensamiento masónico frente a otra; sino que ofrece a todos por igual un medio para el compañerismo y la instrucción, dejando que cada uno se mantenga o caiga por sus propios méritos).

SUMMARY

··· No. 15 - October 2025 ···

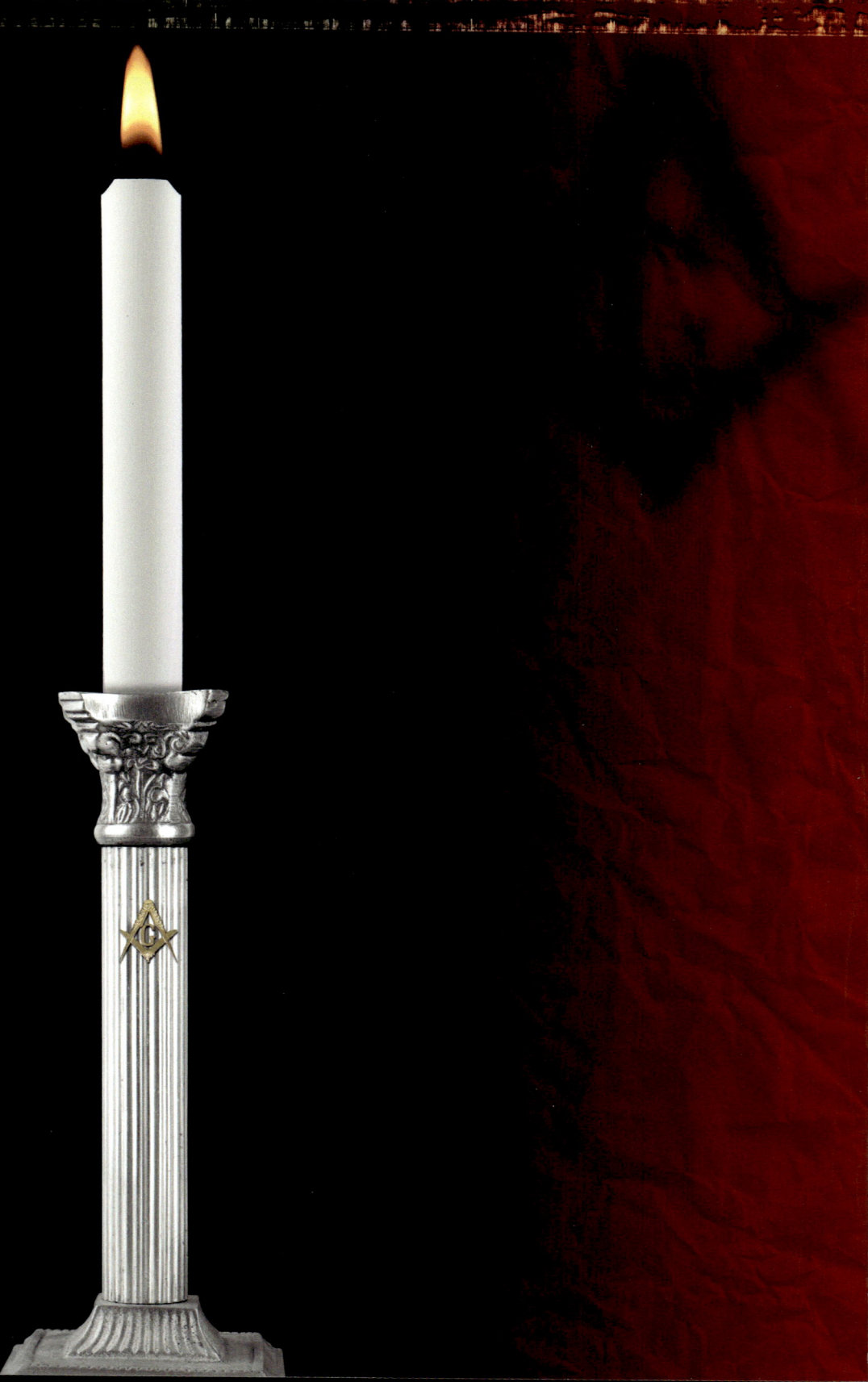

EN FAVOR
DE LA MASONERÍA

El otoño pasado tomamos nota de la resolución de la Gran Logia de Inglaterra por la cual los Hermanos de nacimiento alemán quedaron prácticamente suspendidos de la fraternidad de las logias bajo su obediencia. En aquel momento expresamos nuestro profundo pesar de que algo así sucediera, atribuyéndolo a los amargos sentimientos despertados por la guerra, que crearon una atmósfera tan cargada de pasión que las voces más serenas y sensatas no pudieron hacerse oír. Sin duda era inevitable que los hombres actuaran de tal manera, si bien recordamos que durante la sangre, el fuego y las lágrimas de nuestra propia Guerra Civil, cuando los Estados estaban divididos y las iglesias desgarradas, el lazo masónico permaneció intacto. Con tristeza y asombro entremezclados, debemos ahora dejar constancia de propuestas para una acción aún más drástica, tal como se expresa en la siguiente resolución aprobada, por escaso margen, en la reciente sesión de la Gran Logia:

Que se remita a la Junta de Propósitos Generales para que considere y emita un informe sobre las siguientes propuestas:

1. Que cada Logia particular bajo la jurisdicción de la Gran Logia de Inglaterra esté obligada a examinar los casos de todos los miembros de nacimiento alemán, a requerir a todos aquellos

cuya permanencia en la Logia no sea aprobada por el voto unánime de todos los demás miembros que presenten su dimisión, y, en caso de negativa, que se les excluya de inmediato de la membresía; o, en su defecto:

2. Que, al término de la guerra, cada Logia particular bajo la jurisdicción de la Gran Logia de Inglaterra esté obligada a examinar los casos de todos los miembros de nacimiento alemán, a denegar el permiso a dichos miembros para reanudar su asistencia a la Logia a menos que dicha reanudación sea aprobada por el voto unánime de todos los demás miembros, a requerir a todos los miembros de nacimiento alemán cuya asistencia no sea aprobada de este modo que presenten su dimisión y, en caso de negativa, que se les excluya de inmediato de la membresía.

3. La retirada inmediata del reconocimiento de esta Gran Logia a las Grandes Logias alemanas.

4. La prohibición de recibir en Logias inglesas a supuestos masones pertenecientes a una Logia bajo cualquier jurisdicción alemana, así como la prohibición de que los masones ingleses ingresen en cualquier Logia existente bajo jurisdicción alemana.

Seguramente eso es ir demasiado lejos, implicando una renuncia a aquellos principios resplandecientes consagrados en la Constitución de la propia Gran Logia, que constituyen la gloria principal de la masonería moderna. Por supuesto, estamos seguros de que se nos llamará proalemanes por elevar una protesta. Nada de eso; somos promasonería, y es evidente que estas propuestas, si se adoptan, serán poco menos que una calamidad para la Fraternidad, no solo en Inglaterra sino en todas partes. Roguemos para que no sea así. Oscuro y terrible es el día en que vivimos, dividiendo el tiempo en un antes y un después, como una honda herida roja en el rostro de la historia; pero ¿debemos arrojar todo al viento? «Las rocas no arden», y otro día más feliz amanecerá, cuando semejante acción se alce como una barrera contra la Hermandad, mostrando que la masonería habrá perdido su influencia en favor de la paz y la concordia. No todos los masones ingleses están a favor de tales propuestas, como lo atestiguan estas graves y ponderadas palabras del canónigo J. W. Horsley en el *London Freemason*:

«Reconozco que la Templanza en el hablar nos corresponde, aun cuando lo que se cuestione no sea la conducta de una nación enemiga, sino de los enemigos dentro de esa nación. Reconozco también que se requiere Fortaleza en aquellos que no responden a un Himno de Odio con lo que me parece su equivalente inglés en prosa. Mi hijo, que estaba a punto de ser ordenado, se alistó en el Ejército con mi aprobación, fue gravemente herido en Ypres, y acaba de partir de nuevo a Francia, pero ello no impedirá que se me tache de proalemán si abogo por la cordura, la caridad y la dignidad de actitud y palabra.

Me preocupa seriamente, en nombre de la Prudencia y de la Justicia, el espíritu y la reputación de la Orden. ¡Cuántas veces no he escuchado, e incluso pronunciado, panegíricos sobre la intención y el poder de la masonería de apresurar el día de la Hermandad Universal! ¿Era todo esto un engaño, que se expone como tal en cuanto una nación que contiene a algunos de nuestros Hermanos se enfrenta a nosotros? He oído a nuestro Gran Maestro contar cómo, tras la amarga Guerra de los Bóeres, fue recibido con hospitalidad tanto por Logias bóeres como por Logias inglesas en Sudáfrica. Pero ahora se nos pide que hagamos posible que, después de la paz —que deseamos honorable, y por tanto no deshonrosa para los vencidos—, se descubra que hemos destruido deliberadamente, y sin causa suficiente por parte de aquellos que seguirán siendo nuestros Hermanos (hasta que, por alguna infracción abierta y definida de los Landmarks, nos hayan forzado al no reconocimiento), el puente en el cual podríamos y deberíamos encontrarnos en días más felices con las manos abiertas y no con puños cerrados. Mucho ruego por nuestra victoria; más aún por la paz; y sobre todo por una hermandad más amplia y profunda entre todos los hombres, al modo en que sostenemos que la Orden puede enseñarles.

Pero si, a instancias de un odio indiscriminado, hemos de desmentir nuestras profesiones y amargar a nuestros adversarios temporales excomulgándolos, entonces no seré yo solo quien diga que tendré escaso interés en lo que se habrá convertido en un mero Club inglés, dejando de ser el exponente y el animador de una Fraternidad llamada a desempeñar un papel tan grande en la creación y promoción de la paz y la buena voluntad, sin distinción de nacionalidad y sin verse afectada por discrepancias transitorias, cuando se disipe la fanfarronería y la embriaguez de la guerra».

Más oscuro será el día en que tales sabias palabras no sean escuchadas: nuestra Fraternidad estará entonces lista para el montón de chatarra, habiendo traicionado su espíritu y fracasado en su misión. Tal tiempo exige valor, dominio de sí, magnanimidad, fortaleza y tolerancia, y sobre todo fe en los principios fundamentales de la masonería. Rogamos a nuestros Hermanos ingleses que crean que escribimos estas palabras sin ánimo de partidismo, sino con profundo dolor, movidos por la preocupación por el futuro de nuestra Fraternidad. Ni olvidamos las nobles palabras en el Libro de Constituciones de nuestra Gran Logia madre: «Ninguna disputa sobre naciones, familias, religión o política debe, bajo ningún motivo o pretexto, ser introducida en la Logia».

TOMANDO EN SERIO LA MASONERÍA

Si no nos equivocamos, hay indicios que muestran que los hombres, especialmente los jóvenes, están cada vez más dispuestos a tomar en serio la masonería, tanto como un principio que debe sostenerse como una vida que debe vivirse. Hay excepciones, desde luego, como aprendemos de una carta que tenemos delante, en la que un Hermano confiesa francamente que su único interés en la Fraternidad consiste en lo que él llama «los grandes banquetes y las grandes reuniones». Seguramente se cometió un error cuando este Hermano fue admitido en la Orden. Está en el lugar equivocado, sin interés en los fines intelectuales de la masonería, y mucho menos en su oportunidad de servicio humano práctico; y nuestras Logias deben tener el valor de aquellos masones de antaño que enviaban a tales hombres de regreso a los Gremios, por indignos de la fraternidad de hombres serios. En otra carta leemos:

«Con un Odd Fellow prominente en el Este, un celoso Caballero de Pythias en el Oeste, el Exaltado Regente de los Elks y el alto cacique de los Eagles en el Sur, y con el miembro medio del cuerpo masónico perteneciendo al menos a otras cuatro o cinco órdenes, a veces el hermano reflexivo debe pensar que nuestra Orden parece, y en verdad es, un tanto ridícula. Que el judío asista a misa temprana, que el católico sea superintendente de la Escuela Dominical presbiteriana, que un destacado metodista exponga el Talmud a una clase de jóvenes en la sinagoga, podría ser altamente deseable y sin embargo igualmente inexplicable. Quizás vuelva a llegar el tiempo en que la masonería sea una fuerza viva y activa para el bien y la grandeza.

Francamente, he considerado la mayor parte de la literatura masónica como en gran parte inútil y, en ocasiones, realmente dañina. Las leyendas pueriles que pasan por "Historia" masónica resultan poco menos que asombrosas. Sin embargo, al revisar el número de junio de *The Builder*, leí el artículo titulado "Nuestro Tucídides", del profesor Pound de la Universidad de Harvard, y pensé que si tales artículos han de aparecer, tal vez exista ahora una esperanza activa para la gran Orden y para una comprensión adecuada de su historia y de sus fines. Por tanto, renuevo mi membresía en la Sociedad, con la esperanza de que haya pasado el tiempo de las "palabrerías", de las leyendas ociosas y de las extraordinariamente necias "historias"».

No ha pasado, Hermano, pero es tarea de esta Sociedad apresurar su desaparición de la tierra, en favor de una visión clara y un pensamiento sensato en los campos de la historia, el simbolismo, la filosofía y el esfuerzo práctico masónicos. Si los dirigentes de la Orden son sabios, verán en esta carta, reflexiva y franca, una de las razones de la disminución en la asistencia a las Logias y del debilitamiento del interés por la masonería. Los hombres pensantes quieren la verdad, no leyendas insensatas, historias fantásticas y rompecabezas matemáticos; y si no la encuentran, considerarán la masonería como una más entre tantas órdenes semejantes, sin nada que la distinga realmente de las demás.

Por supuesto, si la masonería no es más que un Club dramático, cuyas representaciones preludian un banquete y un fumadero, admitámoslo, y no mantengamos el engaño de que tiene una historia noble, una filosofía profunda y un simbolismo bello. Si no hay nada en ella, como el Rey de Corazones en *Alicia en el País de las Maravillas* cuando se le presentó un misterioso documento en su tribunal: «Si no hay nada en ello, nos ahorramos muchas molestias, pues no tenemos que intentar hallarlo». Pero si la masonería tiene algo de valor que enseñar a los hombres, si tiene un propósito real y una misión definida, ciertamente nos corresponde estudiarla y rededicarnos a su servicio.

El mayor catálogo del mundo
de libros de masonería
en castellano.

Autores actuales
Estudios históricos
Obras clásicas
Libros prácticos
Literatura y arte
Trabajos biográficos
Obras institucionales
Rituales
Tradición hermética
Guías históricas
...

(más de 600 obras publicadas)

LOS PATRIARCAS

Joseph Fort Newton

R. MAESTRO DE CEREMONIAS: Seguramente la idea de una velada como esta ha sido de lo más feliz. Existe un día consagrado en honor de nuestras madres —¡Dios las bendiga!— y nadie querría restar un ápice a su santidad y hermosura. Pero ha correspondido a esta logia dedicar un día a nuestros padres, y especialmente a los padres de la masonería, en cuyos trabajos hemos entrado y de cuya siembra profética estamos recogiendo la cosecha. En verdad, nos honramos a nosotros mismos cuando nos reunimos y rendimos tributo a los hombres que tanto hicieron para que la masonería fuera lo que es.

Algunos no saben bien que hubo un tiempo, y no hace tanto, en que era un acto de valentía ser masón. El prejuicio contra la Orden era intenso, a menudo fanático, y nuestro benigno arte era tenido por muchos como una fraternidad peligrosa, como si sus inocentes secretos albergaran oscuros designios. ¡Qué distinto es ahora! Hoy nuestra Orden es honrada en todas partes, y nuestras puertas se ven concurridas por jóvenes deseosos de entrar en su antigua hermandad. ¿Qué ha provocado este cambio de sentimiento y de actitud hacia la masonería? Más que nada, se debe a la serena dignidad de los hombres de la Orden, y a la manera noble en que han mostrado en sus vidas lo que es la masonería. Casi todos los hombres aquí presentes, si se les preguntara directamente, admitirían que fueron atraídos a la masonería por la calidad de sus hombres. Después de todo, la mayor influencia de la masonería en el mundo es la silenciosa y elocuente influencia del carácter.

"UNOS POCOS VIEJOS HERMANOS"

Puede resultar interesante para algunos saber que una velada como esta evoca una de las tradiciones más antiguas de la Orden. Si examináis las «Antiguas Obligaciones» —los títulos de propiedad de la masonería, y parte de su ritual más primitivo— veréis que entre los deberes exigidos a un joven al ingresar en la Orden estaba el de respetar a los ancianos. Cuando, tras un período de decadencia, se organizó la Gran Logia de Inglaterra en 1717, ¿quién presidió la asamblea? En los escasos registros de aquella escena se consigna, de manera significativa, que la Gran Logia se constituyó con «el Maestro Masón más antiguo en la silla». En efecto, parece claro que el impulso por el cual los masones dispersos de la época fueron atraídos a una unión más estrecha provino, como sugiere Anderson, de «unos pocos viejos hermanos»; y durante aquel período crítico de transición fueron los ancianos quienes guiaron el arte.

La primera Gran Logia, lejos de ser una innovación, fue en realidad una restauración de la antigua Asamblea trimestral, y se concibió para preservar los usos antiguos de la Orden. De modo que nuestra reunión de esta noche en honor de los veteranos del Arte cuenta no solo con la sanción de nuestro propio y noble sentimiento de adecuación, sino también con la de la larga tradición y costumbre de la Orden.

¿Cuándo es viejo un hombre? Se dice que la edad es cuestión de sentir, no de años; pero la vejez parecía sobrevenir a los hombres mucho antes en tiempos pasados que ahora. A los 49 años Shakespeare vendió sus participaciones en los teatros de Londres, se retiró de la vida activa y volvió a Stratford. El doctor Johnson se sentía viejo a los 40, y Lincoln, a la edad de 48, hablaba de sí mismo como un hombre envejecido y marchito. El Senado romano era una asamblea de ancianos, pero existía una ley que disponía que ningún senador mayor de 60 años debía ser convocado a sus deberes, para evitar que su mente declinante causara daño a la república. Con nosotros, en cambio, es distinto. Entre nosotros un hombre se halla en su plenitud intelectual a los 60, y muchos realizan sus mejores obras mucho más tarde.

Gladstone, a los 70 años, apenas estaba comenzando el segundo volumen de su biografía.

JÓVENES VIEJOS

¿Cuándo es un hombre un patriarca? Permitidme que lo diga. La vejez es aquel período en que uno ve el límite de la vida, sea este a los 20, a los 50 o a los 80 años; cuando contempla con claridad lo que antes estaba velado por la niebla: una tumba llena de cantos no entonados, esperanzas irrealizadas y ambiciones no cumplidas. Hay hombres que, sin haber llegado aún a los 30, ya se plantean la pregunta última: «¿Para qué sirve todo?» Estos son los viejos —viejos de corazón, cansados del mundo, heridos por la parálisis del alma, encanecidos por el sentimiento de futilidad; son muertos insepultos. ¡Pensad en un hombre formulando semejante pregunta en un mundo donde las puestas de sol son como sacramentos, y el silencio solemne del amanecer es como la sonrisa de Dios! ¡Pensad en alguien que encuentra la vida plana, insípida e inútil en un mundo donde lo increíble es un hecho cotidiano, y lo imposible se cumple siempre— un mundo donde hay verdad que buscar, amor que consagrar y esperanza que construye sin cesar su gran Arco de Promesa! Tal hombre ha llegado demasiado pronto a la hoja marchita y amarilla.

Hay también hombres avanzados en años —que descienden ya la ladera occidental donde las sombras se alargan hacia el ocaso— que permanecen ágiles y vigilantes de espíritu, alegres y mirando hacia adelante, con la fe intacta, el entusiasmo por la vida sin mengua. Estos no son viejos. Hay en ellos un reflejo anticipado de la vida inmortal. Los años se han acumulado sobre ellos, pero han mantenido firme su fe, lozanos sus sentimientos, vivas sus simpatías y fresco y vívido su interés por la vida. ¡Qué hermoso es ver a un hombre envejecer con reverencia y belleza, con el corazón iluminado por la suave luz del crepúsculo y la gloria de la noche coronada de estrellas! No es extraño que tales hombres disfruten de la autoridad de la influencia y el consejo, la sabiduría y la profecía, que Cicerón consideraba como los trofeos de la edad.

LAS SIETE EDADES DEL HOMBRE

Cada una de las siete edades del hombre, como las señaló Shakespeare, tiene sus utilidades, sus alegrías, sus desventajas y sus compensaciones. Sabio es aquel que toma la vida como es, cada grado tal como Dios lo otorga, cada experiencia en su tiempo: la juventud con sus ardientes visiones, la vejez con su serenidad. Pues la vejez es oportunidad no menos que la juventud, aunque en otra forma.

La vejez, sin duda, tiene sus desventajas y peligros. La fuerza que decae, las articulaciones rígidas, «los pantalones flojos y en zapatillas, sin dientes, sin ojos, sin gusto» —todo esto nos es bastante familiar. A menudo debilita la tenacidad de la memoria, pero si podemos olvidar lo que no merece ser recordado, quizá eso sea envidiable. Con pocas excepciones —como Sófocles y Tennyson— la vejez recorta las alas de la imaginación; pero también enfría las pasiones que nublan y pervierten la razón. La edad clarifica, y puede alcanzar, como dijo Milton, «algo del tono profético».

Al menos, corresponde a la vejez, en una vida bien vivida, contemplar el mundo con una visión serena y sabia. Como dijo Platón en su *República*, la vejez «ciertamente tiene un gran sentido de libertad y serenidad»; pero añadía: «la causa debe buscarse, no en los años de los hombres, sino en su temple y carácter». Es decir, lo que más cuenta es la calidad, no la cantidad de la vida. El hecho de que un hombre haya vivido en esta tierra setenta años no significa, necesariamente, que sea bueno o sabio. Hay hombres tan necios en la vejez como lo fueron en la juventud. Doblemente necio es aquel que, viviendo hasta envejecer, no ha aprendido el valor inestimable de la virtud y la sabiduría del amor. El tiempo por sí solo no trae ni honor ni sabiduría.

LA COSA MÁS TRISTE EN LA TIERRA

Un rey oriental ofreció una recompensa a quien le dijese cuál era la cosa más triste en la tierra. Hubo tres concursantes en la contienda. Uno dijo que era el amor no correspondido; otro, que la muerte de los jóvenes; y el tercero, que ganó el premio, que era la vejez y la pobreza. No lo creo, a menos que por pobreza se entienda esa mísera penuria del alma que hace tan desolador el crepúsculo de la vida. No; lo más triste en esta tierra es la vejez y el pecado: un anciano tosco, taimado, duro, cínico e impuro. ¡Dios mío! antes que llegar a tal término, prefiero morir esta noche, en la mañana de la vida, con mi obra apenas comenzada.

Cuando somos jóvenes libramos cheques en el Banco del Porvenir. Algunos hombres siguen haciéndolo, incapaces, al parecer, de vivir año tras año con sus rentas actuales. No muchos de esos cheques se cobran al contado. Casi siempre sufren un gran descuento, y con más frecuencia vuelven impagados por falta de fondos. Cuando somos viejos libramos nuestros cheques en el Banco del Pasado. Que se cobren o no depende de lo ahorrativos que hayamos sido al atesorar aquella riqueza que ni polilla ni óxido corrompen, ni ladrones perforan y roban. Más preciosas que los rubíes son la fe sabia purificada por la prueba, una conciencia sin ofensa y la memoria de los años vividos en pureza, honor y servicio. Cuando un hombre llega al final, las únicas cosas de las que no se arrepiente, y que no desearía retirar aun pudiendo hacerlo, son las palabras amables pronunciadas y las acciones hechas por amor a Dios y al prójimo. En esa hora una cajita de alabastro vacía, con la que ungió a algún amigo necesitado, vale más que todo el oro de todas las colinas.

JUVENTUD Y VEJEZ

Siendo iguales las demás cosas, las ventajas de la vejez, aunque menos evidentes, superan con mucho a sus desventajas. Por un lado, la vejez contempla la vida en una larga perspectiva y con una luz más clara, aunque más seca. Posee una visión de la belleza y la gracia —y la necedad— de la juventud que la propia juventud no tiene. Son los jóvenes quienes desprecian la juventud y tratan de escapar de ella: el chiquillo que anhela ser colegial, el principiante que desea ser veterano. Ningún hombre, cuando niño, tuvo la mitad del gozo corriendo por el prado que experimenta al ver allí a su hijo —por no decir a su nieto— en ese mismo lugar. Son los ancianos quienes advierten la hermosura de la juventud, y quienes la aman. La juventud es el drama, en el cual los actores están absortos en sus papeles; la vejez es el público. Por virtud de su desapego, la vejez posee una visión más certera de la vida, y si sabe poco de éxtasis, sabe aún menos de desesperación.

Con el madurar de la vida llega también un sentido más profundo del parentesco de las cosas. La juventud ama las camarillas, tanto más exclusivas cuanto mejor; raramente da afecto a menos que le sea devuelto. No así la vejez, cuyos afectos, si menos turbulentos, están menos tocados por móviles egoístas. La vejez hace poco caso de las diferencias humanas, y concede gran valor a la amplia hermandad común de la humanidad, viendo muchos lazos de unión donde la juventud solo ve discordia.

El trabajo, asimismo, adquiere un nuevo aspecto con el paso de los años. Los ancianos no sienten, como a menudo hacen los jóvenes, que el universo repose sobre sus hombros. Tampoco imaginan, como Hamlet, que nacieron para enderezar el mundo. Ven que cada cual debe contentarse con cumplir su pequeña parte humana, y confiar el destino del mundo a un Poder mayor que el hombre. Si la vejez limita a un hombre, tanto mejor le señala los límites dentro de los cuales puede trabajar serenamente y lograr algo antes de morir.

HAMLET Y PRÓSPERO

La juventud busca muy alto lo que la vejez encuentra cerca. Es cuando envejecemos que las cosas sencillas de la vida comienzan a desplegar su maravilla y a abrir largos horizontes de meditación. Nogi libró grandes batallas en las llanuras de Manchuria, pero hacia el final solía contemplar un lirio, hallando en su hermosura un misterio más allá de su comprensión. La juventud sabe más que la vejez, porque sabe tantas cosas que no son así. Después de los cincuenta, nuestra botella de conocimientos está tan agitada que todo su contenido se torna de un solo color. Cuando somos jóvenes amamos a Hamlet, con su oscura y obsesiva melancolía, pero cuando llega la vejez preferimos la sabiduría de Próspero, quien, con la ayuda de Ariel, venció a Calibán. La vejez quizá no sea más religiosa que la juventud, pero lo es de un modo diferente y más profundo. Piensa en Dios, no como un fuego llameante, sino como una presencia permanente, hecha real por la revelación de los años: serena, infinitamente paciente, indescriptiblemente grande y bondadosa. La juventud es para la fe; la vejez, para la confianza.

¿Por qué dejó Shakespeare de golpe su tarea y volvió a Stratford? Sin duda muchos factores confluyeron en esa decisión, entre ellos el haber sido lo bastante sabio para saber cuándo retirarse. Otro hecho pudo ser el amor elemental del hombre por la tierra, su gran madre, en cuyo seno duerme al fin. Pero quizá el motivo principal fuera el deseo de sosiego en los escenarios de su niñez, y de tiempo para reunir los hilos de su pensamiento y tejerlos en un tejido de fe. Hay un instinto profundo que lleva al hombre de regreso a su lugar natal, como muchos de vosotros habéis hecho largos viajes a Ohio, Nueva York o Maine solo para ver salir el sol sobre la colina o el mar. Uno encuentra algo hogareño en su paisaje natal, y en los viejos parajes un hombre puede fundir su último pensamiento con su primer recuerdo como difícilmente puede hacerlo en otro lugar.

Algún sentimiento de esa índole debió de llevar a Shakespeare a dejar Londres y volver al serpenteante Avon. Y fue allí donde escribió la más dulce de todas sus obras, *La tempestad*: un milagro de arte, una alegoría de la victoria del hombre sobre el destino y la fortuna mediante la entrega de sí mismo a las más altas leyes de la vida.

LA CASA DE LA FE

De modo semejante, Albert Pike solía exhortar a los ancianos al estudio de la masonería, no solo porque nos trae desde lejos la alta y sencilla sabiduría de la humanidad, sino porque ofrece a cada hombre una gran esperanza y consuelo. Ante su altar un hombre puede recoger sus pensamientos más profundos que, en los agitados años centrales de la vida, quedan con demasiada frecuencia esparcidos en el desorden de un templo aún no edificado, y darles forma en una Casa de Fe, un Hogar del Alma. Cómo vivir es la única cuestión; y el hombre más viejo, en la plenitud de sus años, nunca ha encontrado un modo más sabio que edificar, año tras año, sobre un fundamento de fe en Dios y amor al hombre, usando la Escuadra para probar la rectitud de nuestra vida, la Plomada para trazar la rectitud de nuestros actos, el Compás para mantener nuestras pasiones dentro de los límites, y la Regla para dividir nuestros días en trabajo, descanso y servicio. El amor es siempre el Constructor, y quien obedezca su dulce ley y edifique según su modelo no quedará sin techo ni solo.

Después de la vejez, ¿qué? Siempre caen las sombras de la tarde; siempre llega un momento, a todo aquel que es hombre, en que ni siquiera el más sabio sabe dónde está; siempre y siempre el crepúsculo —y después de él, la oscuridad, cuando todas las luces de la filosofía se apagan y solo la fe, la esperanza y el amor permanecen. No queda otra cosa que descender serenamente la ladera occidental, con el sol brillando en nuestro rostro, hacia las sombras de la tarde, confiando en el gran Dios sobre todo.

> «¡Envejece conmigo!
> Lo mejor está por venir,
> el último tramo de la vida

para el cual fue hecho el primero;
nuestros tiempos están en sus manos,
que dicen: "Un todo tracé,
la juventud muestra apenas la mitad;
confía en Dios;
míralo todo, y no temas"».

Beda el Venerable, al dar cuenta de las deliberaciones del rey de Northumbria y sus consejeros, sobre si debían permitir a los misioneros cristianos enseñar una nueva fe al pueblo, relata este elocuente episodio. Tras un largo debate, un anciano jefe se levantó y habló, recordando la impresión que le produjo ver a un pajarillo atravesar, con el aleteo de sus alas, el luminoso y cálido salón del festín, mientras fuera azotaban los vientos invernales. El momento de su vuelo estuvo lleno de dulzura y de luz para el ave, pero fue breve. Salió de la oscuridad, contempló la alegre escena y desapareció en la oscuridad, sin que nadie supiera de dónde venía ni adónde iba.

«Así es la vida humana», dijo el veterano caudillo. «Venimos, y ni los más sabios saben de dónde. Nos vamos, y no pueden decir adónde. Nuestro vuelo es breve. Por tanto, si hay alguien que pueda enseñarnos más acerca de ello, ¡en el nombre de Dios, escuchemos!».

LA GRAN TRAGEDIA

¿Qué tiene la masonería que enseñarnos acerca de la inmortalidad? En lugar de presentar un argumento, ofrece una imagen —el drama más antiguo, si no el mayor del mundo— para hacer sentir al hombre lo que ninguna palabra puede jamás expresar. Nos muestra la tragedia de la vida en su hora más lúgubre; las fuerzas del mal, tan astutas y a la vez tan necias, tentando al alma hacia la traición —incluso hasta la degradación suprema de salvar la vida renunciando a todo aquello que la hace digna de ser vivida. Nos muestra a un hombre noble y verdadero abatido, como lo fue Lincoln, en el momento de su más alto servicio a la humanidad. Es un cuadro tan fiel a la amarga, antigua y agotada realidad de este mundo oscuro, que hace que el alma se detenga sobrecogida de espanto.

Luego, de la sombra se alza, como una hermosa estrella blanca, aquello en el hombre que más se asemeja a Dios: su amor por la verdad, su lealtad al ideal, su disposición a descender a la noche de la muerte, con tal de que la virtud viva y brille como un latido de fuego en el cielo del ocaso.

He aquí el testimonio último y definitivo de la divinidad e inmortalidad del alma: ¡el heroico y desafiante valor moral del espíritu humano ante la muerte! Ningún ser capaz de un sacrificio tan sublime necesita temer a la muerte ni a la tumba.

«¿Qué tiene el alma que perder
aunque mundos y mundos perezcan?».

Es la antigua y eterna paradoja: quien lo entrega todo por amor a la verdad lo hallará todo de nuevo. Y allí descansa la causa de la masonería, segura de que, dado que hay en el hombre aquello que le hace aferrarse al ideal moral frente a las fuerzas brutales del mundo; aquello que le impulsa a pagar la medida total de la devoción por la santidad de su alma; el Dios que lo hizo a Su imagen no permitirá que duerma en el polvo. Mayor visión no nos es dado contemplar en la tierra sombría de este mundo; verdad más profunda no necesitamos conocer.

«Hay más vidas aún, hay más mundos que esperan,
pues el camino asciende hasta el sol más antiguo.
Donde los blancos van a su unión mística,
y la santa voluntad se cumple.
Los hallaré allí donde nuestra baja vida se eleva,
donde la Puerta del Misterio se abre de nuevo,
donde el antiguo amor reina y el antiguo fuego blanquea,
en las Estrellas tras las estrellas».

LA SABIDURÍA DE SWING

Se hacen más excesos en el salón que en la cocina.
La naturaleza humana no ha cambiado mucho
desde que el hombre llegó a conocerla.
El sermón es la adormidera de la literatura.
El tiempo ha sacudido la botella del conocimiento,
y todos somos de casi un mismo color de ignorancia y sabiduría.
Cada corazón debería rezar su propio responso
sobre sus propios muertos.
Estar demasiado cerca de cualquier cosa: eso es fanatismo.
Los ciervos corren, los pájaros vuelan, las serpientes reptan,
pero el hombre se impulsa a sí mismo hablando.
Si hay algo más dulce que la miel,
es el estudio de la abeja.
El egoísmo es la nominación, elección y coronación de uno mismo.
Muchas repeticiones y mucho tiempo no hacen verdadera una cosa.
Un materialista es un alma domesticada fuera de su inmortalidad.
Zululandia está llena de conservadores.

— David Swing: Poeta y Predicador

LOS PRIMEROS TIEMPOS
HISTORIA VS. TRADICIÓN

Por el H∴ V.M. G. Mazyck, Carolina del Sur

N una serie de artículos bajo el título *El establecimiento y los primeros días de la francmasonería en América*, publicados en los números de mayo, octubre y noviembre de *The Builder*, el M∴ R∴ Hermano Melvin M. Johnson, Gran Maestro de Masones en Massachusetts, ha presentado cuestiones profundamente interesantes, en parte históricas y en gran medida tradicionales. Con encomiable entusiasmo y disculpable partidismo defiende la pretensión apócrifa de que Boston es la cuna de la masonería en América, con cierta habilidad y gran apariencia de verosimilitud. Pero dado que hemos afirmado en otro lugar que la Logia de Salomón n.º 1, A. F. M., de Charleston (Carolina del Sur), es el cuerpo masónico más antiguo de los Estados Unidos —cuyo registro de establecimiento es absolutamente irreprochable—, afirmación que aquí repetimos sin modificación, entablamos una amigable discrepancia con el H∴ Johnson respecto de algunas de sus declaraciones y conclusiones.

En el *Century Dictionary* encontramos las siguientes definiciones:

Historia: los hechos registrados del pasado.

Leyenda: narración no auténtica transmitida desde tiempos antiguos; una tradición.

Tradición: conocimiento o creencia transmitidos sin ayuda de memorias escritas.

Ahora bien, aunque la leyenda o la tradición puedan ser profundamente interesantes, altamente probables y, en ausencia de registros escritos, a menudo valiosas, sostenemos que el registro escrito —especialmente cuando es contemporáneo al hecho descrito, y más aún si es de origen independiente e imparcial— es, y solo él debe ser considerado, Historia. Por lo tanto, en esta discusión eliminamos los «si», «pero», «posiblemente» y toda otra forma de expresión que implique duda, y nos limitamos al hecho registrado; no presentaremos otra evidencia que aquella que hoy pueda producirse en el Registro original, sin copias, sin sustitutos, ni escritos basados en el recuerdo de alguien, ni admitiremos en uno u otro lado ninguna declaración cuya autenticidad sea susceptible de duda razonable.

El H∴ Johnson concede gran importancia a la autoridad y acciones de Henry Price, y sacude con gran energía esa vieja paja. Como prueba presenta lo que podemos denominar *Documento A*: la «lápida original de Price, hoy en el Templo Masónico de Boston» (aunque no consta por qué ni cuándo fue retirada del cementerio). Pero destruye inmediatamente su valor sugerido al poner él mismo en duda una de sus afirmaciones más importantes. Creemos, por lo tanto, que se puede descartar con justicia el *Documento A*.

El H∴ Johnson presenta además la «carta patente» de Price — *Documento B*. El V∴ H∴ Charles E. Meyer, P. M. de la Logia Melita n.º 295, Pensilvania, en *History of F. & A. Masons and Concordant Orders*, p. 225, dice: «En ninguna parte puede hallarse en los registros ingleses que se haya concedido una carta patente a Henry Price por Lord Petre ni por ningún otro Gran Maestro» y «se requerirán documentos auténticos para satisfacer a un lector imparcial». De nuevo, en p. 239: «Rastrear la historia temprana de la masonería en Massachusetts es como una persona caminando en la oscuridad». Y en p. 240: «No hay registro en los archivos de la Gran Logia de Inglaterra en Londres de dicha carta patente», y además declara que «si el facsímil impreso en las *Actas* de la Gran Logia de Massachusetts de 1871 es auténtico, entonces la fecha de la carta patente de Price no es correcta». El H∴ P. F. Gould, en su *History of Freemasonry*, reconoce «la precaria base de autoridad sobre la que descansa la historia temprana de la masonería en Massachusetts». Los registros efectivos de la Gran Logia Provincial —es decir, una relación contemporánea de sus procedimientos— datan de 1751.

También existen lo que parecen ser transcripciones de breves memorandos describiendo los principales acontecimientos de esa entidad entre 1733 y 1750; o bien pudieron haber sido elaborados a partir de recuerdos de Hermanos que habían estado activos en el Arte durante esos diecisiete años. «Cuanto más confiamos en los primeros registros de Boston como autoridades independientes —concluye Gould— mayor es la necesidad de apreciar críticamente el peso y por tanto el valor de su testimonio».

El P∴ G∴ M∴ Sereno D. Nickerson, Gran Secretario de Massachusetts, en su obra *First Glimpses of Freemasonry in North America*, señala: «Los registros más antiguos de la primera Gran Logia Provincial en Nueva Inglaterra están en la letra de Peter Pelham y de su hijo Charles». «Peter Pelham fue iniciado masón el 8 de noviembre de 1738, y el 26 de diciembre de 1739 fue elegido Secretario. Sirvió en ese cargo hasta el 26 de septiembre de 1744, cuando fue sucedido por su hijo Charles». «Charles Pelham fue hecho masón en debida forma en la Primera Logia de Boston el 12 de septiembre de 1744» y dos semanas después, el 26 de septiembre, se «votó que el H∴ Charles Pelham fuese Secretario en lugar de nuestro difunto Secretario, que lo había dejado». Ejerció como Gran Secretario del 24 de junio de 1751 al 20 de enero de 1752. Nickerson admite que «las once primeras páginas del registro de la Primera Gran Logia Provincial en América, hoy en los archivos de la Gran Logia de Massachusetts, consisten en copias de diputaciones y lo que parecen ser transcripciones de breves memorandos describiendo importantes incidentes en la historia de ese cuerpo entre 1733 y 1750; o bien pudieron haber sido redactados a partir de recuerdos de Hermanos que habían estado activos durante esos diecisiete años».

Obsérvese que basamos nuestra reivindicación de forma absoluta en un registro original existente. El más antiguo registro en los archivos de la Gran Logia de Nueva Inglaterra fue hecho por Peter Pelham, ciertamente no antes de 1739, pues no fue elevado hasta 1738, y por lo tanto solo pudo guiarse por pruebas de oídas. A la luz de estas declaraciones, creemos justo descartar también el *Documento B*.

En apoyo de nuestra reivindicación por Carolina del Sur produciremos pruebas absolutamente irreprochables. Admitimos, sin embargo, con la mayor franqueza y libertad, que no podemos presentar la carta patente, patente o carta constitutiva original, y rehusamos pedir la aceptación de ninguna copia ni sustituto.

Esta ciudad, devota y castigada, ha sufrido más que ninguna otra del continente por incendios e inundaciones, peste y epidemia, guerra, asedio, tormenta y terremoto. El gran incendio del 18 de enero de 1778 se describe con notable detalle en la *South Carolina and American General Gazette* del 29 de enero de 1778, y en el *Supplement*, o como se titula curiosamente, «Addition to the General Gazette, No. 1002, 2 de abril de 1778», p. 2, col. 2, aparece el siguiente anuncio:

«Perdidos durante el reciente incendio en Charlestown, los alfabetos del Libro Mayor y del Registro de la Logia de Salomón. Quien los haya encontrado y los entregue al suscriptor, joyero, junto a la casa del Sr. Ancrum, en la calle Church, recibirá cinco libras por cada uno de ellos, con agradecimiento. — Thomas Harper».

La noche del 27 de abril de 1838 casi un tercio de la ciudad fue destruido por el fuego. La Orden perdió entonces no solo su nuevo Salón en construcción, sino que sufrió una desgracia aún mayor con la destrucción del Salón de Seyle, donde se reunían la Gran Logia y las logias subordinadas, con casi todas las pertenencias de los cuerpos masónicos y los registros íntegros de la Gran Logia, salvo un libro de actas que comienza en 1836. Aun así, aunque Carta patente, Patente, Carta y Actas hayan desaparecido, se ha conservado un Registro cuya veracidad es incontestable, alejado de toda posibilidad de duda y absolutamente más allá de cualquier contradicción.

Entre los tesoros de la Biblioteca de Charleston se conservan aún hoy colecciones de nuestros periódicos coloniales, y en *The South Carolina Gazette, Numb. 144, del sábado 23 al sábado 30 de octubre de 1736*, p. 2, col. 2, encontramos este párrafo de suprema importancia:

«Anoche se celebró por primera vez una Logia de la Antigua y Honorable Sociedad de Masones Libres y Aceptados en la casa del Sr. Charles Shepheard en Broad Street, donde John Hammerton, Secretario y Receptor General de esta Provincia, fue elegido unánimemente Venerable Maestro, quien designó al Sr. Thomas Denne como Primer Vigilante, al Sr. Theo. Harbin como Segundo Vigilante y al Sr. James Gordon como Secretario».

Sobre este Registro apoyamos nuestra pretensión, y repetimos sin reservas que la Logia de Salomón n.º 1, de Charleston, Carolina del Sur, es el cuerpo masónico más antiguo del hemisferio occidental, cuyo establecimiento está documentado en un Registro absolutamente irrefutable.

Más adelante, en su interesante trabajo, el H∴ Johnson escribe: «El día de San Juan Bautista de 1737 tuvo lugar la primera procesión pública de la Fraternidad en América». Pero este párrafo de la *South Carolina Gazette, No. 174, del sábado 21 al sábado 28 de mayo de 1737*, p. 3, col. 1, refuta por completo tal afirmación, para la cual, dicho sea de paso, no se cita ninguna fuente:

«CHARLESTOWN, 28 de mayo. El jueves por la noche se representó *The Recruiting Officer* para el entretenimiento de la Antigua y Honorable Sociedad de Masones Libres y Aceptados, que acudieron al teatro hacia las siete en punto, en la forma habitual, y ofrecieron un aspecto muy decente y solemne. La sala estaba más llena que nunca se había visto en este lugar. Se pronunciaron un prólogo y un epílogo apropiados, y en el escenario se cantaron las canciones de Aprendices y Maestros, que fueron coreadas por los masones en el patio, para satisfacción y entretenimiento de toda la audiencia. Tras la función, los masones regresaron a la Logia en la casa del Sr. Shepheard, en el mismo orden observado en su llegada al teatro».

Obsérvese que esto ocurrió un mes antes de la fecha señalada por el H∴ Johnson, y además los Hermanos «acudieron al teatro en la forma habitual» y «regresaron en el mismo orden observado en su llegada». Hemos descartado todos los «si» y «pero»; aun así, sugerimos que «la forma habitual» indica que incluso esta no fue la primera ocasión de una procesión pública de la Orden en Charleston. Aunque la fecha del 26 de mayo de 1737 baste por sí sola para demostrar la inexactitud de la afirmación del H∴ Johnson, es «probable» que los Hermanos ya estuviesen acostumbrados desde tiempo atrás a tales procesiones.

Quizás en otra ocasión relate algo de la magnificencia con que la Gran Fiesta de San Juan Evangelista se celebraba en los primeros tiempos en Charleston.

LA OPORTUNIDAD DE LA VIDA

«Nuestra vida, con todo lo que ofrece de gozo y de aflicción,
de esperanza y de temor —cree al amigo anciano—,
es tan solo nuestra oportunidad de alcanzar el premio
de aprender a amar».

~Browning.

GOZOSO DÍA DE PASCUA

Gozoso día de Pascua, cuando Cristo resucitó,
poderoso vencedor de quienes le combatió;
venció a la muerte y a su lóbrego afán,
y del sepulcro salió triunfal.
¡Vosotros, santos y ángeles, proclamad con fervor
las glorias excelsas de su admirable honor!
Él vive de nuevo, jamás morirá,
ensalzad a vuestro Rey en la tierra y en el cielo ya.
Gozoso día de Pascua, brillante alborada,
cuando el consuelo llegó al alma desolada
que a su tumba acudió con aromas de amor,
su obra piadosa cumpliendo en dolor.
Vieron el lugar donde yacía Jesús,
pues ángeles rodaron la piedra a la luz;
y entonces les dieron mensaje de fe:
que Cristo resucitó de la tumba, ¡y se alzó en poder!
Gozoso día de Pascua, promesa de vida,
más allá de este valle de lucha y de heridas:
las almas confiadas al fin se alzarán
y en gloria celeste con Él morarán.
Hasta entonces, seguid cumpliendo su querer,
por vuestro Señor sed valientes y fieles;
manteneos unidos al que es el camino,
al Cristo que resucitó en el día divino.

~N. A. McAulay.

INVESTIGACIÓN MASÓNICA

LO QUE SE HA HECHO Y LO QUE AÚN SE PUEDE HACER

Por el H∴ John T. Thorp, Inglaterra

ASTA hace unos treinta años, el ceremonial de los tres grados por los que había pasado, y que veía repetirse de tiempo en tiempo, era prácticamente todo lo que el Maestro Masón ordinario sabía acerca de la Fraternidad de la cual se había convertido en miembro. Había escuchado un ritual que le parecía extrañamente arcaico y pasado de moda; se usaban palabras curiosas cuyo significado apenas podía conjeturar, y pronto llegó a la conclusión de que todo aquello era demasiado anticuado como para justificar seguir perdiendo el tiempo en este mundo inquieto y ansioso de avanzar. Incluso si se tomaba la molestia de indagar, podía aprender poco o nada acerca de la historia pasada del Arte, de su origen, crecimiento y desarrollo gradual. ¿Qué maravilla, entonces, que tras unos pocos años de participación más o menos activa, su interés decayera, se convirtiera en un no afiliado, un masón solo de nombre, ignorante de la gloriosa historia de la Hermandad e inconsciente de la gran herencia que él y sus Hermanos habían recibido del pasado?

INVESTIGADORES PIONEROS

Pero poco a poco, a lo largo del último cuarto de siglo, esta insatisfactoria situación ha ido mejorando. El movimiento hacia un conocimiento más pleno y una valoración más justa de lo que la masonería ha sido y ha hecho en el mundo, iniciado por un puñado de entusiastas estudiantes masónicos, se ha extendido y desarrollado más allá de sus más altas expectativas y sus más fervientes esperanzas. Ya no debemos contentarnos con andar a tientas en la oscuridad de nuestra anterior ignorancia; el velo ha sido levantado de nuestros ojos. Vemos ahora a nuestro antiguo y amado Arte ocupando una posición en la estima y afecto de la Fraternidad que en tiempos pasados nunca hubiéramos imaginado posible.

Nuestro linaje ha sido rastreado a lo largo de muchos siglos. Nos regocija saber que es a nuestros antepasados en el Arte a quienes debemos aquellos magníficos templos, palacios, catedrales y abadías que se hallan por el mundo, que nos cautivan con su hermosura y nos llenan de admiración. Al comprender nuestra descendencia directa de los constructores de catedrales de la Edad Media, cuyo genio adornó muchas tierras con belleza, comenzamos por fin a reconocer un valor en la francmasonería que hasta ahora había pasado desapercibido. Una visita a Milán, Colonia, Westminster o York, o incluso el estudio en los libros de los magníficos templos de culto que allí se alzan, nos ha dado una nueva valoración de la Sociedad que antes habíamos tenido en tan poca estima, y nos ha enseñado a apreciar más justamente nuestra vinculación con una Fraternidad que ha dejado tras de sí tan espléndidos ejemplos de habilidad e industria, de noble labor y de devoción piadosa.

ANCESTROS MASÓNICOS

Así se ha establecido, junto con el creciente conocimiento, un legítimo orgullo. Nos sentimos orgullosos de pertenecer a una sociedad de hombres que en los días pasados trabajaron tan noblemente por el mundo. Ya no existe la misma inclinación a apartarse de nuestra lealtad al Arte, porque aquello de lo que estamos orgullosos, en ello nos regocijamos, lo atesoramos y procuramos servirlo en nuestro propio tiempo y generación, no ciertamente como lo hicieron nuestros antepasados, sino en formas más adecuadas y necesarias para estos tiempos modernos. De este modo, nuestro mayor conocimiento del pasado ha añadido un encanto al presente al ensanchar el horizonte, y ha hecho que el porvenir resplandezca con una gloriosa promesa.

LOGIAS DE INVESTIGACIÓN

Es justo reconocer que gran parte de este cambio en la condición de la Fraternidad Masónica es resultado del trabajo incansable y del celo infatigable de las Logias y Sociedades de Investigación que se han establecido entre nosotros durante los últimos veinticinco años. Ellas han iluminado el pasado, de modo que podamos ver, admirar y reclamar nuestra herencia en la obra gloriosa del antiguo y gran Arte; permanecen incesantemente activas en estimularnos hacia nuevas investigaciones, a fin de que nuestro conocimiento y nuestro afecto, avanzando de la mano, nos inspiren a una labor noble en el presente; y nos invitan a mirar hacia adelante hacia una extensión gradual de los principios masónicos, como base de toda relación humana y como piedras fundamentales de un grandioso y glorioso templo que habrá de edificarse en los días venideros.

NUEVOS CAMPOS DE TRABAJO

El trabajo está aún muy lejos de completarse. Mucho, muchísimo, queda por hacer. Existe un campo ilimitado para el entusiasmo y la devoción de cada miembro individual de la Sociedad Nacional de Investigación Masónica. Desearía de todo corazón que me fuera posible pronunciar una palabra que no solo os alentara, sino que os impulsara a esta labor fascinante —pues aun después de más de cuarenta años de investigación masónica, continúa ejerciendo sobre mí su encanto—. Quisiera poder inspirar y profundizar vuestro afecto por la Hermandad y su glorioso pasado, de tal modo que vuestros mejores esfuerzos se dedicaran a su elevación, purificación y regeneración, de manera que pueda asentarse un fundamento sólido para su bienestar permanente.

EL TEMPLO VIVIENTE

Trabajad, pues, Hermanos míos; la nuestra es una noble obra, una gloriosa tarea, digna de nuestros mejores empeños. Procurad hacer de la francmasonería una luz resplandeciente, que disipe la oscuridad e ilumine a toda la humanidad con un espíritu nuevo. Esforzaos en convertirla en una fuerza viva, que impregne nuestra vida social y nacional con los grandes principios masónicos de Amor Fraternal, Socorro y Verdad. Así llegará a ser un verdadero poder para el bien en el mundo, pues aunque ya no construyamos majestuosos templos de piedra, como hicieron nuestros antiguos Hermanos, deberíamos contribuir, en cuerpo, alma y espíritu, a la erección de un suntuoso palacio, un edificio de humanidad regenerada, ennoblecida y glorificada: un templo de almas vivientes. ¡Así sea!

¿CUÁNDO ES UN HOMBRE MASÓN?

¿Cuándo es un hombre un masón? Cuando puede contemplar los ríos, las colinas y el lejano horizonte con un profundo sentido de su pequeñez en el vasto designio de las cosas, y aun así conservar fe, esperanza y valor. Cuando sabe que en lo profundo de su corazón cada hombre es tan noble, tan vil, tan divino, tan diabólico y tan solitario como él mismo, y busca conocer, perdonar y amar a su prójimo. Cuando sabe cómo simpatizar con los hombres en sus pesares, sí, incluso en sus pecados —sabiendo que cada hombre libra una dura batalla contra grandes adversidades—.

Cuando ha aprendido a hacer amigos y a conservarlos, y sobre todo a permanecer amigo de sí mismo. Cuando ama las flores, puede buscar a las aves sin un arma y siente el estremecimiento de un gozo antiguo y olvidado al escuchar la risa de un niño. Cuando puede ser feliz y magnánimo en medio de las faenas más humildes de la vida. Cuando los árboles coronados de estrellas y el destello del sol sobre las aguas que fluyen lo conmueven como el recuerdo de un ser muy amado y ya hace tiempo muerto. Cuando ninguna voz de angustia llega en vano a sus oídos, y ninguna mano busca su auxilio sin hallar respuesta.

Cuando encuentra bien en toda fe que ayuda a cualquier hombre a aferrarse a las cosas más altas y a descubrir significados majestuosos en la vida, sea cual sea el nombre de esa fe. Cuando puede mirar en un charco del camino y ver algo más que lodo, y en el rostro del más desamparado mortal descubrir algo más allá del pecado. Cuando sabe cómo orar, cómo amar, cómo esperar. Cuando ha guardado fidelidad consigo mismo, con su prójimo y con su Dios; llevando en su mano una espada contra el mal, y en su corazón un pequeño canto; gozoso de vivir, pero sin temor de morir. En tal hombre, sea rico o pobre, instruido o ignorante, famoso u oscuro, la masonería ha realizado su dulce ministerio.

¿TRES CLASES DE MASONES?

Hay tres clases de masones. El que ha recibido los grados por curiosidad y, tras ser aceptado como miembro, nunca vuelve a la logia y olvida lo que oyó pero no entendió. El que asiste cuando hay elecciones o cuando puede mostrarse en una procesión pública, siempre paga sus cuotas y exige ser enterrado con pompa y ostentación. Y el masón que, desde sus primeros pasos, empieza a percibir la belleza del Arte, a comprender sus enseñanzas, y se dedica a conocer y servir a su logia con fidelidad. Este cumple todas sus obligaciones, sostiene a su logia, acepta cada deber asignado y siempre puede contarse con él para la obra.

La primera clase jamás produce un verdadero masón. Las ceremonias no significaron nada y no pueden significar nada. Uno lleva el botón dorado, pero no sabe explicar su sentido. La segunda clase es un lastre para la sociedad: exige reconocimiento y beneficios, pero rehúsa las cargas. La tercera clase hace posible aquel progreso sin el cual la Orden habría caído hace mucho en la decadencia y habría quedado enterrada, desconocida, en las grandes pirámides del pasado.

LA SUERTE DE TODOS NOSOTROS

«Hay tanto bien en lo peor de nosotros,
y tanto mal en lo mejor de nosotros,
que lo mejor en lo mejor de nosotros
es alabar lo mejor en lo peor de nosotros.
Y mal hace lo peor de nosotros
en burlarse de las faltas en lo mejor de nosotros.
Así pues, que lo mejor y lo peor de nosotros
exalten lo bueno que hay en todos nosotros
y oculten la falta en la suerte de todos nosotros».

~Jack Miller

HOGARES MASÓNICOS
PARTE 1

Por el H∴ Silas H. Shepherd, Wisconsin

«El fin de la masonería no es la festividad. Sus propósitos son mucho más altos y nobles. Su objeto legítimo es beneficiar y bendecir a la humanidad».

(Geo. Oliver)

LOS registros escritos más antiguos del Arte contienen pruebas positivas de que el socorro al hermano necesitado fue uno de los usos masónicos más antiguos. La Gran Logia Madre de Inglaterra apenas había iniciado su carrera de utilidad cuando se creó el Fondo de Caridad en 1723 por propuesta del duque de Buccleigh, secundada por el H∴ Desaguliers. Este fondo benéfico se ha mantenido tanto tiempo que una descripción completa requeriría volúmenes.

Aunque esta forma de ayuda de la Gran Logia tiene ya casi dos siglos de existencia, el método más general de socorro hasta tiempos recientes ha sido el del hermano individual o el de la logia particular. Este método probablemente siempre realizará la mayor parte de la labor, y no puede ser demasiado elogiado. Es especialmente eficaz para prestar un alivio que es temporal por naturaleza.

Sin embargo, los cambios en las condiciones de la vida han modificado muchos de nuestros métodos y han hecho necesario realizar colectivamente muchas cosas que antes se hacían de forma individual. El último medio siglo ha sido testigo del desarrollo de nuestros Hogares Masónicos. Son un hecho establecido en 29 de nuestras jurisdicciones, y a una breve descripción de ellos invitamos ahora vuestra atención.

Alabama cuenta con un hogar que ha estado en funcionamiento unos tres años. Está ubicado a las afueras de Montgomery, en una finca de 236 acres. Posee activos por valor de 133.408,83 dólares. Consta de un edificio principal, hospital, casas, cabañas para servicio y un establo moderno con dependencias. Es hogar de 38 adultos y 85 niños. El costo per cápita de mantenimiento en 1914 fue de 190,13 dólares. Se sostiene mediante un impuesto per cápita de 50 centavos. Está bajo la supervisión de un consejo de control, cuyo presidente es el H∴ Ben M. Jacobs, estudiante de por vida de la beneficencia masónica. La O∴E∴S∴ ha sido siempre una eficaz colaboradora de los hermanos en la promoción de esta obra en Alabama y construyó y amuebló el hospital el pasado año.

Arkansas tiene un Hogar Masónico de Huérfanos en Batesville, establecido en 1909, que consiste en una finca de 100 acres con tres sólidos edificios modernos de ladrillo, situados a unos 200 pies de elevación sobre el terreno circundante. Representa una inversión de 125.000 dólares y atiende a 102 niños. El coste per cápita de mantenimiento es de 198,08 dólares. Se sostiene con un impuesto per cápita de 50 centavos. Se está promoviendo un fondo de dotación como previsión para el futuro. Los masones de Arkansas pueden sentirse justamente orgullosos de esta institución.

California tiene dos hogares con recursos totales de 449.506,48 dólares. El hogar de DeSoto fue establecido en 1889 en una finca de 267 acres. Los edificios son numerosos, amplios y modernos. El edificio principal cuenta con sala de logia, sala de lectura, sala de música, salón de recepción, un club moderno para hombres y un solárium para mujeres. Acoge a una familia de 79 hombres y 42 mujeres. El costo per cápita en 1914 fue de 275,77 dólares. El hogar de San Gabriel fue establecido en 1909 y tiene una familia de 34 niños y 27 niñas. Los niños asisten a las escuelas públicas y, además, reciben formación práctica en líneas industriales. El costo per cápita en 1914 fue de 278,11 dólares. Ambos hogares se sostienen con un impuesto per cápita de 1 dólar. Los masones de California apoyan con entusiasmo estas nobles instituciones y se esfuerzan en reunir un fondo de dotación suficiente para sostener ambos hogares.

Connecticut tiene un hogar en Wallingford, establecido en 1889 en una finca de 100 acres. Actualmente existen edificios valorados en unos 50.000 dólares, que eventualmente serán reemplazados por otros modernos con un coste estimado de 175.000. La granja se halla en condición próspera; los productos brutos en 1914 superaron los 11.000 dólares, de los cuales la mayor parte se destinó al abastecimiento del hogar. Sus recursos totales ascienden a 158.015,95 dólares. La familia actual es de 136 residentes, casi todos adultos. El costo per cápita de mantenimiento es de 182 dólares. Se sostiene mediante un impuesto per cápita de 90 centavos.

Delaware tiene un hogar en Wilmington, establecido en 1912. Como su tamaño es mucho menor que el de otras jurisdicciones, se asemeja más a una residencia privada que a cualquier otro que conozcamos. Está rodeado de bellos jardines. Sus activos totales son de 30.141,04 dólares. La familia es de 9 adultos. El costo per cápita es de 180,72 dólares. Se sostiene con un impuesto per cápita de 1 dólar.

Distrito de Columbia tiene un hogar en Takoma Park, establecido en 1913, con propiedades por unos 80.000 dólares y un fondo de dotación de 4.080,02. El número actual de residentes es 25. El costo estimado per cápita es de 320 dólares. Se sostiene con aportaciones de 25 centavos per cápita de 30 logias y 18 capítulos de la O∴E∴S∴, además de contribuciones de otros cuerpos.

Florida no tiene aún hogar, pero dispone de un «Fondo de Hogar y Orfanato Masónico» de 27.866,69 dólares y establecerá un hogar cuando dicho fondo sea suficiente. En la comunicación de la Gran Logia de 1916 se aprobó un impuesto per cápita de 50 centavos para este fondo.

Georgia tiene un hogar en Macon, establecido en 1905 en una finca de 100 acres. El edificio principal es una moderna construcción de ladrillo de tres pisos con todas las comodidades modernas, por un coste de unos 40.000 dólares. En 1914 tenía 65 residentes, 12 adultos y 53 niños. El costo per cápita de mantenimiento fue de 157,88 dólares. Se sostiene mediante las asignaciones de la Gran Logia.

Illinois tiene dos hogares. El orfanato de LaGrange se erigió en 1910 a un coste de 100.000 dólares y hoy tiene propiedades valoradas en unos 165.000. Es hogar de 101 niños, que reciben toda la atención posible para su bienestar físico, mental y moral. El costo per cápita es de 235 dólares. El hogar de Sullivan, para masones ancianos, sus esposas y viudas, está en funcionamiento desde 1904. Se encuentra en una finca de 474 acres, de los cuales 200 fueron donados originalmente y el resto añadido después. La Gran Logia ha construido amplios y sólidos edificios en una parcela de 64 acres, y este año (1915) los Masones del Real Arco erigieron un hospital de 70.000 dólares, elevando el valor total de los edificios a 350.000. La familia es de 120 personas. El costo per cápita ronda los 240 dólares. Ambos hogares se sostienen mediante un impuesto per cápita de 35 centavos.

Indiana está construyendo actualmente un Hogar Masónico en Franklin, en una finca de 223 acres valorada en 45.000 dólares. Se edificarán seis construcciones por un coste de 201.000 dólares. El hogar quedará libre de deudas. El impuesto per cápita para su sostenimiento es de 50 centavos. La O∴E∴S∴ ha aportado 32.000 de los 246.000 dólares recaudados. Los hermanos de Indiana podrán reclamar un mérito adicional en el progreso masónico con esta gran y gloriosa empresa.

Kansas tiene un hogar en Wichita en funcionamiento desde 1896. Sus propiedades están valoradas en 250.000 dólares y dispone de un fondo de dotación de 25.000. La educación de los niños es uno de los primeros cuidados de quienes dirigen este espléndido hogar. Actualmente la familia es de 55 adultos y 45 niños. El costo per cápita es de 186,51 dólares. Se sostiene con un impuesto per cápita de 50 centavos. La O∴E∴S∴ también aporta 50 centavos per cápita y en muchas formas ayuda a los hermanos a hacerlo un verdadero hogar.

Kentucky fue pionero en la obra de hogares masónicos. El Hogar de Viudas y Huérfanos Masónicos, establecido en 1871, está en Louisville y tiene activos de 694.016,03 dólares, de los cuales 327.859,24 son fondo de dotación. Alberga a 182 niños, 134 niñas y 24 mujeres, que encuentran amparo y protección bajo su techo. La educación de los niños recibe gran atención. Hay un taller de imprenta, carpintería, zapatería y un telar donde se confecciona gran parte de la ropa de la familia. El costo per cápita es de 128,85 dólares. Se sostiene mediante un impuesto per cápita de 75 centavos sobre cada Maestro Masón. El Hogar de Ancianos Masones en Shelbyville fue establecido en 1901, y en 1914 tenía propiedades valoradas en 360.000 dólares. La familia era de 31 hermanos ancianos. El costo per cápita fue de 226 dólares. Los masones de Kentucky consideran el sostenimiento de estos hogares como uno de sus deberes más importantes.

Massachusetts tiene un hogar en Charlton, abierto en 1911. Se encuentra en una hermosa finca de 397 acres. El hogar está valorado en 104.668,06 dólares y cuenta con un fondo de 128.355,18 que, con otros, suma activos totales de 244.165,94. Desde su apertura en 1911 hasta noviembre de 1914, atendió a 81 personas. El promedio en 1914 fue de 44 adultos. El costo per cápita de mantenimiento fue de 393,27 dólares. Se sostiene mediante contribuciones voluntarias.

Michigan tuvo un hogar en Grand Rapids durante 20 años, que fue destruido por un incendio en 1910. El Sr. Ami Wright, no miembro de nuestra Fraternidad pero con su espíritu, donó en 1911 a la Gran Logia de Michigan el hogar actual. Antes había sido un sanatorio, remodelado para cumplir sus nuevos fines, y hoy es un verdadero hogar del que los hermanos de Michigan pueden sentirse justamente orgullosos. Se ha construido recientemente un hospital de 25.000 dólares. El valor total de la propiedad es de 200.000. La familia es de 95 adultos. El costo per cápita es de 234 dólares. Se sostiene mediante un impuesto per cápita de 40 centavos, y cada logia con un miembro residente contribuye con 1 dólar semanal. En los últimos tres años se han legado al hogar más de 25.000 dólares.

Minnesota espera tener pronto un hogar. Los fondos recaudados para ello aumentaron de 35.000 dólares en 1914 a 56.000 en 1915, y los 100.000 requeridos parecen ya cercanos. La O∴E∴S∴ ha sido un valioso y generoso apoyo.

Mississippi tiene un Hogar de Huérfanos en Meridian en funcionamiento desde hace cinco años. Costó 60.000 dólares y en 1914 tenía propiedades valoradas en 83.000 y un fondo de dotación de 112.460. En 1914 acogía a 112 niños. El costo per cápita fue de 156,12 dólares. Se sostiene mediante un impuesto per cápita de 75 centavos, de los cuales 50 se destinan al fondo de dotación.

Missouri tiene un hogar en St. Louis, establecido en 1889. Posee activos como sigue:

Fondo de dotación: 130.948,59 $

Bienes raíces: 100.000,00 $

Mejoras: 257.500,00 $

Mobiliario: 50.000,00 $

Total: 538.448,59 $

El año pasado se erigió un hospital que costó 100.000 dólares, considerado un modelo. La familia consta de 83 hombres, 77 mujeres, 42 niños y 50 niñas. El costo per cápita de mantenimiento es de 163,02 dólares. La educación de los niños recibe atención especial, y aquellos con aptitudes son enviados a colegios comerciales.

(Continuará)

UNA PALABRA DE DIOS

«Cree, entonces, que cada ave que canta,
y cada flor que ilumina el elástico suelo,
y cada pensamiento que trae el feliz verano,
para el espíritu puro es una palabra de Dios».

DÉJALOS FUERA

No los lleves a la logia:
ira, rencor y orgullo;
déjalos en la puerta del templo,
la lucha del mundo afuera.
Olvida tus penas y pruebas,
olvida todo pesar egoísta,
y recuerda la causa por la que os reunisteis,
y apresuraos hacia el alegre mañana.
Déjalos en la puerta del templo:
envidia, despecho y penumbra;
no lleves querellas personales
ni discordia a la estancia.
Olvida el desdén de una hermana,
olvida el agravio de un hermano,
y recuerda el nuevo mandamiento:
que os améis los unos a los otros.
Lleva tu corazón a la sala de logia,
pero déjate a ti mismo fuera—
es decir, tus sentimientos personales,
ambición, vanidad y orgullo.
Centra cada pensamiento y fuerza
en la causa por la que os reunís,
encadena al demonio del egoísmo,
¡y haced que el Viejo Harry tiemble!
— Ella Wheeler Wilcox

LOS MASONES COMO CONSTRUCTORES
TEMPLO DEL RITO ESCOCÉS EN FORT WAYNE, INDIANA

(En el Volumen I de *The Builder* presentamos bajo este título varios templos dedicados a logias simbólicas y al Rito de York en sus diversas fases. Cada templo mostrado poseía rasgos únicos, adecuados a su coste y practicidad para el trabajo propuesto, y los gastos variaban desde los 600.000 hasta unos 40.000 dólares para los edificios, sin contar el equipamiento. Al reanudar la serie, utilizamos primero el Templo del Rito Escocés en Fort Wayne, Indiana. La construcción de este edificio ha atraído gran atención entre los masones de todos los ritos, debido a la ingeniosa manera en que se ha concebido y ejecutado la idea de un estadio. En la práctica ha mostrado notables ventajas de comodidad y eficacia allí donde se desea utilizar el suelo en conexión con la representación de grados. Creemos firmemente que estas características deseables acabarán por aparecer en muchos templos distintos del Rito Escocés, y por esta razón lo presentamos aquí).

La huella de **Albert Pike** sobre el Rito Escocés ha sido reconocida durante tanto tiempo como imborrable, que nadie intentaría negarlo. «Lo encontró en una cabaña de troncos y lo dejó en un templo». El genio de su imaginación y sus obras maestras de interpretación han exigido por sí mismos una construcción más elaborada que la de las salas de logia simbólica, si se quiere que el candidato reciba plenamente el impacto en el breve tiempo que ordinariamente se concede a una Reunión.

Esto se ha reconocido en la planificación de templos de diversas formas, durante el reciente y rápido crecimiento de esta rama de la masonería. Para algunos Hermanos, la construcción de un teatro moderno, con muy ligeras modificaciones, ha resultado satisfactoria. Otros han añadido simplemente balcones a grandes salas de logia, o han construido escenarios lo bastante amplios para acoger la escenografía completa de cualquiera de los veintinueve grados del Rito.

Los Hermanos de Fort Wayne, sin embargo, si nuestra información es correcta, fueron los primeros en aprovechar la eficacia histórica del estadio, evitando —como muchos creen— las incomodidades del tipo de auditorio de logia para las presentaciones del Rito Escocés, así como la falta de adaptabilidad que ofrece el modelo teatral.

Aunque la apariencia exterior resulta satisfactoria en el más alto grado, y la formación general del edificio se ajusta a la Cruz Patriarcal, tan significativa tanto en el Rito de York como en el Rito Escocés, es la disposición interior de la sala de trabajo lo que creemos será de mayor valor para los miembros de nuestra Sociedad, y a ello dedicaremos la mayor parte de nuestra atención.

La Catedral se accede por una corta escalinata, entre dos columnas cruciformes; la escalera conduce a un vestíbulo central, más allá del cual se abre un amplio vestíbulo de entrada, flanqueado de un lado por un hall con ascensor y del otro por escaleras que conducen tanto arriba como abajo hacia otros pisos.

La primera planta contiene un salón de banquetes de 75 por 82 pies, con una cocina espaciosa, despensa de vajilla, almacén y toda clase de comodidades, en la parte posterior.

En el sótano (no ilustrado) hay un pasillo con ascensor, una sala de billar, una sala de bolera, así como guardarropa y sala de calderas.

Al ascender al segundo piso, encontramos una biblioteca, sala social, sala de música, oficina del secretario y salas de descanso. Más atrás, una sala de cartas, una sala de negocios de la Logia de Perfección y, en la parte posterior, bajo el escenario, la sala de vestuario con amplios guardarropas para la indumentaria, vestidores privados y una escalera privada que conduce directamente a las alas del escenario.

En el «plano de galería» (mostrado en otra parte) se halla la sala de trabajo propia del Consistorio. Los asientos forman tres lados del «estadio», siendo el escenario el cuarto. Bajo los asientos se encuentran un amplio salón de clases, sala de asambleas, pasadizo y sala de guardia. La Sala de Asambleas conecta con la sala de trabajo a través del ancho pasadizo occidental, bajo el órgano. El aula ocupa todo el espacio bajo la galería del estadio a la izquierda (véase la ilustración interior). Los palcos para Hermanos visitantes y Dignatarios del Rito contribuyen, más que estorbar, al efecto general. Solo lamentamos no poder mostrar a nuestros Miembros los vitrales artísticos cuidadosamente diseñados y los efectos decorativos que se han introducido para hacer atractivo este templo de 175.000 dólares.

No es difícil para los Hermanos del Rito Escocés apreciar la compacidad, accesibilidad y plenitud de este anfiteatro. La comodidad de los candidatos se logra tanto como la de quienes trabajan. El escenario es amplio. Todos y cada uno de los 550 espectadores pueden presenciar la representación completa de cada grado. La acústica debe ser perfecta. El sistema de ventilación ha sido cuidadosamente planificado.

La iluminación es casi ideal. El estudio de los planos de esta Catedral no solo despierta la admiración del trabajador del Rito Escocés, sino que lo tienta a repetir con entusiasmo los sentimientos de quienes han tenido el privilegio de participar en ceremonias en condiciones tan favorables.

Aunque el número de logias simbólicas diseñadas para acomodar tantos Hermanos como este auditorio es reducido, se observa una marcada tendencia en las salas de logia modernas a utilizar la disposición en estadio, en forma modificada. Y estamos convencidos de que esta breve presentación convencerá a nuestros miembros de que el uso de la inteligencia de un buen arquitecto en la planificación y construcción de un templo masónico, sea del tipo que sea, no es de ningún modo un lujo, sino una necesidad.

LA ESTÉTICA
DE LA MASONERÍA

Por el H∴ Charles H. Merz, Ohio

L A ESTÉTICA es el término utilizado para designar la «clasificación científica de las facultades mediante las cuales somos capaces de apreciar lo bello y lo sublime, y que nos brinda la experiencia de las emociones resultantes».

La estética procura traducir nuestras concepciones ideales en formas que puedan ser comprendidas por la mente común.

El término estética suele emplearse de manera impropia como sinónimo de *afectación*—el intento de aparentar o representar lo que no es real ni natural—, y la asociación de una cultura estética con la masonería tiende a ser considerada con la indisposición de admitir cualquier posible conexión entre ambas.

El término estética, interpretado ampliamente, se aplica a todo aquello que produce formas y cultiva sentimientos. Ser estético implica la facultad de percibir, comprender y disfrutar lo bello dondequiera que se encuentre.

Así como la lógica es la ciencia del pensamiento puro y formal—dirigido en último término a la verdad—, y la ética es un sistema de reglas y principios relativos al deber moral, del mismo modo la estética corresponde a la ciencia de lo bello, esa cualidad que apela principalmente a aquellas complejas determinaciones de la mente que resultan de la cooperación de todas nuestras facultades racionales y sentimientos morales.

Si uno sigue con sensibilidad y comprensión el progreso de nuestro ritual y de su simbología abarcadora—que creemos ser la expresión directa de una gran experiencia religiosa, los dichos de hombres que procuraron plasmar en términos no sujetos a la ley del tiempo las verdades fundamentales de la relación del hombre con lo desconocido—, debemos admitir entonces que existe un lado estético en la masonería.

UTILIDAD Y BELLEZA

La familia humana ha sido clasificada de diversas maneras por los filósofos. Uno de ellos la ha dividido en **los que utilizan** y **los que embellecen** la vida y el mundo. La primera clase trabaja afanosamente para acumular riqueza y comodidades materiales. No alcanza a comprender un Principio Dual, como el que está íntimamente incorporado a nuestro sistema masónico de enseñanza. No muestra interés en esforzarse por captar la dualidad que caracteriza a todo el universo—riqueza y pobreza, luz y tinieblas, bien y mal, amargo y dulce—, e ignora el hecho de que es la unidad última, por así decir, en la que se resuelven todos los «pares de opuestos»—el aspecto complementario de la dualidad fundido en una síntesis perfecta—lo que estimula al hombre a esforzarse constantemente por la perfección.

Esta clase no percibe que ningún hombre tiene libertad para descuidar el desarrollo y la cultura de su propia mente; que nadie, en este agitado mundo nuestro, tiene derecho a enredarse de tal modo en las ocupaciones y preocupaciones de la vida activa que le sea imposible dedicar tiempo y atención a la mejora de su espíritu. Los utilitarios subordinan la cultura mental al éxito en los diversos empleos de la vida, y la persiguen únicamente como un medio para un fin.

Para gozar de las artes y las ciencias, la mente debe hallarse tranquila y en reposo. La lucha por la riqueza o la supremacía política tiende a convertirse en una pasión que esclaviza y priva al hombre de aquella calma indispensable incluso para disfrutar de la vida misma. Ningún hombre razonable negará el valor de poseer bienes o adquirir riqueza por medio de ocupaciones legítimas; pero todo hombre pensante admitirá que es directamente dañino convertirse en esclavo de los negocios o entregarse a ellos a costa de la fuerza nerviosa y mental.

NUESTRA GRAN TRÍADA MASÓNICA

Los hombres que descuidan cultivar el aprecio por lo bello—uno de los elementos de nuestra gran **tríada masónica**—y que entierran sus talentos en una vida unilateral dedicada a la ganancia material, encuentran difícil recuperar en años posteriores lo que han descuidado y perdido. No pueden sino exclamar con el profeta: «No hallo en ellas placer alguno».

Obsérvense los esfuerzos que tales hombres hacen a menudo por obtener placer de la misma fuente que han descuidado. Libros, pinturas y otros tesoros artísticos son reunidos a un costo incalculable, pero de ellos no se obtiene goce auténtico.

Un amor por lo bello, o al menos un deseo de él, está innato en el hombre. La plena encarnación de lo bello se halla únicamente en el Gran Arquitecto del Universo; y así como ningún hombre alcanzará jamás la perfección moral ni comprenderá Su poder y majestad, tampoco concebirá jamás lo bello en toda su perfección, a menos que le sea revelado en la vida futura. Que el Gran Arquitecto quiso desarrollar en nosotros un amor por lo bello se prueba en el hecho de que creó este mundo en que vivimos a una escala tan grandiosa y admirable. Nos ha dado la capacidad de disfrutar de lo bello, y nos ha rodeado por todas partes con obras de perfección maravillosa y sobrecogedora; e intentó que los placeres e influencias estéticas fueran uno de los medios para el progreso de la raza humana.

La sensibilidad nos capacita para gozar de lo bello y nos distingue así de los animales. La vida de los afectos es esencial para el pleno desarrollo y la armoniosa actuación del intelecto. Nuestras sensibilidades y afectos son nuestras más altas facultades. Nos brindan la visión más cercana y el asidero más firme de la verdad. Existe una conexión esencial de causa y efecto entre la vida del corazón y la de la mente, y jamás se han alcanzado las cumbres de la grandeza intelectual sin una visión penetrante y elevada, y sin aquellas ideas y principios fundamentales que únicamente un amor por lo bello puede inspirar.

LA INFLUENCIA DE LA MASONERÍA

Si bien la religión y la ciencia han hecho mucho por traer el grado de cultura del que hoy disfrutamos, no debe pasarse por alto la influencia de la masonería en este sentido.

«Nuestro antiguo amigo y hermano, el gran Pitágoras, enseñó que, así como Dios en sí mismo es el Bien absoluto —la armonía y la libertad de la necesidad—, así todas sus obras están marcadas con el sello de la armonía: aquello que hoy enseñamos como la fuerza y el sostén de todas las instituciones. La naturaleza tiene sus contrastes, pero estos se funden en armonía. Esta unidad en la multiplicidad, esta armonía en los contrastes, la definió él como lo bello. Todas sus enseñanzas se basaban en la idea de que en Dios hallamos lo bello en toda su perfección».

Es un hecho notable que los filósofos paganos erigieran un sistema que el cristianismo, con su revelación, no ha podido ni superar ni destruir. La filosofía griega de lo bello fue reconocida y reiterada por los padres de la Iglesia, y cuando dotan al hombre de imaginación e ideales de belleza, no logran nada en el camino de la mejora.

Se nos enseña que la naturaleza y el hombre están marcados por el pecado. La belleza original en ambos ha sido destruida, y, en la medida en que el hombre procura restaurar dentro de sí el debido equilibrio moral, debe recurrir a la Fuente divina, y esto tanto la religión como la masonería le enseñan a hacer.

La mente del hombre siempre se ha ocupado del elevado tema de la Belleza, que, junto con la Sabiduría y la Fuerza, la masonería nos enseña que son atributos de Dios, a quien amar y obedecer es deber de toda la humanidad. El estudio, la cultivación del gusto por lo bello —que en sí mismo constituye la forma más alta de cultivo personal— nos capacita mejor para «descubrir el poder, la sabiduría y la bondad del gran Creador, a medida que se nos revelan las vastas proporciones del universo».

BELLEZA Y LEY

El puro intelecto y las facultades de razonamiento por sí solas nunca conducen a una apreciación de lo bello. Se necesita la fuerza del corazón y un amor por el estudio como inspiraciones necesarias. La inspiración es la fuerza que impulsa al hombre hacia adelante, y, aunque grande, por tener origen divino, debe, como todo lo demás, ajustarse a la ley: las reglas de lo bello.

Debe existir siempre un principio discernible de orden, y este discernimiento es lo que nos otorga placer estético y artístico.

Miles de masones escuchan las bellas verdades ocultas en el simbolismo de nuestro ritual, pero, en palabras de la Biblia, «tienen ojos y no ven; tienen oídos y no oyen».

No puede disfrutarse plena y verdaderamente de lo bello en la naturaleza, sino por aquellos que ven la mano y oyen la voz del Eterno en sus obras. La belleza de un solo día de otoño supera lo que jamás ha entrado en la mente del hombre concebir, y tal belleza nos hace sentir que la inteligencia y la destreza combinadas de la humanidad, por siglos y siglos, apenas llenarían una hoja del inconmensurable volumen que lleva la impronta del gran Creador.

Después de todo, cada creación del hombre no es más que una copia de los pensamientos de Dios. La verdad de la naturaleza es la única prueba de la belleza, y aquello que se aparta del gran plan del Supremo Arquitecto no tiene lugar de honor en el mundo ideal del hombre.

Oliver Wendell Holmes dijo: «Intelectos de un piso; intelectos de dos pisos; intelectos de tres pisos. Todos los coleccionistas de hechos que no tienen otro fin más allá de los hechos, son hombres de un piso. Los hombres de dos pisos comparan, razonan y generalizan, utilizando tanto el trabajo de otros coleccionistas de hechos como el propio. Los hombres de tres pisos idealizan, imaginan, predicen: su mejor iluminación les llega desde arriba, a través del tragaluz».

EL LENGUAJE UNIVERSAL

El verdadero masón aprecia el llamado que su Ciencia y su Arte hacen a su intelecto, y lo contempla como un poderoso **lenguaje universal**, capaz de despertar las emociones más nobles.

Solo la verdad merece ser buscada, y encontrar la verdad, sin importar en qué dirección viaje la mente humana, debe ser el gran esfuerzo de todo masón inteligente.

El verdadero masón debe creer que el ideal de lo bello aquí en la tierra está en el propio hombre, que es templo de Dios. El verdadero pensador no solo admira las obras de belleza y arte, sino aún más la mente humana que las crea y al Gran Arquitecto que ha otorgado el poder de crearlas.

Leer las leyes de Dios en las bellezas de su creación es una comisión tan celestial como leerlas en su Libro de la Revelación. Si la religión revelada es verdadera, nada tiene que temer de la masonería, pues no puede existir contradicción entre ambas. Así como Dios, en tiempos pasados, envió a sus profetas a interpretar el libro de la naturaleza para el hombre y reconducirlo a las sendas de la rectitud y de la verdad, así también hoy levanta hombres para desplegar ante nosotros las bellezas de la naturaleza y sus admirables proporciones, y a través de sus obras de verdadero arte e interpretación encender y fortalecer en nosotros el amor a lo verdadero y lo bueno.

El arte glorifica siempre a la Deidad en la retórica, la lógica, la geometría, la música, la astronomía y la arquitectura; y estas artes y ciencias liberales han sido durante siglos parte de nuestras enseñanzas rituales.

La religión representa el amor y la perfección moral; la ciencia representa la verdad; el arte representa la belleza; y la masonería las representa a todas. La ciencia es para unos pocos, el arte para muchos y la masonería para todos.

BELLEZA ESPIRITUAL

La apreciación de lo bello rescata al hombre del dominio exclusivo del goce sensual y físico. Nos sentimos, sin proponérnoslo pero irresistiblemente, atraídos por un sentimiento de fraternidad hacia aquel que ha estudiado los mismos temas que nosotros, o hacia quien ha sabido destacar y poner de relieve lo que quizá hemos sentido pero nunca expresado. Tales coincidencias de mente con mente y de corazón con corazón producen el efecto estimulante de la simpatía mutua, y el placer que de ello se deriva se llama **estético**.

La teoría más verdadera del goce de lo bello es que eleva al hombre por encima de los cuidados más burdos del mundo y le concede vislumbres de la vida superior. Todo lo cual demuestra que la religión, la masonería y el arte están estrechamente relacionados en su origen y en su efecto, y que la apreciación estética de lo bello, encarnada en cada una de ellas, tiene por objeto hacer de cada masón un hombre mejor y más puro.

Cuando nos volvemos hacia las ciencias, descubrimos que la Geometría no se ocupa de la esencia de los cuerpos naturales. Se centra en la noción de extensión, una noción independiente de los sentidos, y con este dato ideal y abstracto desarrolla la vasta serie de sus estructuras y teoremas. Es una idea —no un ser en sí— y por lo tanto es eterna e inmutable. El ángulo comprendido en el cuadrado, aunque el cuadrado material se desmorone y reduzca a polvo, es indestructible y retorna a Dios que lo dio. ¡Qué bellamente se aplica esto al trabajo masónico con el uso de estos simples instrumentos y figuras! Abarcan y engloban una gran multitud de cosas bajo un diseño comprensivo, y su estudio tiende a hacer de una innumerable multitud de particularidades un todo fácilmente comprensible.

LAS JOYAS DE LA LOGIA

Así como el escultor y el pintor ejercen la vocación de producir retratos que transmitan a las generaciones futuras los rasgos precisos de los hombres y mujeres de su tiempo, de la misma manera el estudiante masónico consciente, que ha cultivado un amor por lo bello encarnado en las **Joyas de su Logia**, en su última hora no puede sentir que su obra esté concluida, sino que la juzga apenas iniciada, cuando emerge de la rutina del deber terrenal hacia una esfera más amplia y elevada de actividad que se le ofrece en aquella «perfecta, gloriosa y celestial Logia de lo Alto, donde preside el Gran Arquitecto del Universo».

Existe el peligro de que miremos con desdén, como desde un punto de vista superior, los tiempos en que el simbolismo de nuestro ritual consistía en «verdades geométricas y matemáticas celosamente guardadas como secretos por un poderoso sacerdocio»—cuando la mera capacidad de ocultar las verdades de la naturaleza era medida de grandeza—; existe el peligro de que dejemos de mirar hacia arriba.

La belleza y la verdad están en sagrada y santa armonía, y la mente influida por el espíritu de lo bello es capaz de comprender con mayor facilidad todas las proporciones, evidencias y relaciones de la verdad. Es en este punto donde el alma del hombre, en la que la belleza de la creación halla una respuesta inmediata, entra con mayor facilidad y simpatía en íntima comunión con la Mente divina, que es la perfección del carácter.

Aunque nosotros hoy hayamos hallado muchas cosas mejores que aquellas por las que los hombres de antes buscaban y luchaban, podemos sin embargo caer en el error de no reconocer ni apreciar plenamente lo sumamente bueno y bello que nos rodea por todas partes.

AMOR QUE VALE LA PENA

Las naciones todas admiran al hombre
que ama su tierra natal,
y acude presto a sus llamadas
con corazón y mano dispuestos;
que pone todo en el altar
para proteger a su patria;
siempre sentimos que tal hombre
ha ganado el respeto del mundo.
Por eso amamos esta tierra nuestra,
su gente, sus colinas y llanuras;
nos esforzamos en mantenerla pura y libre
de todo vicio que la manche.
Nuestra bandera estrellada ondea para amparar
la causa de la verdad y del derecho;
sus hitos son nuestro gozo y orgullo,
sus triunfos, nuestro deleite.
¿Pero debe acaso nuestro amor por la patria
ser tan supremamente grande
que tratemos a un hermano hombre
con amargo desprecio y odio?
Porque su suerte terrena haya sido echada
en otro suelo,
¿tenemos derecho a arruinar su hogar
y reclamar todo lo suyo como botín?
No, debemos sostener firmemente esta verdad
y defenderla con valentía:
que el amor al hombre nunca puede ceder
ante el amor por la patria.
¿Acaso no decretó Dios así
cuando el mundo comenzó—
que nada podría ocupar el lugar
del amor del hombre por el hombre?

— Neal A. McAulay, Lyons, Iowa

UN FILÓSOFO MASÓNICO MODERNO

H∴ Francis W. Shepardson, Illinois

FILOSÓFICAS en su título y profundamente filosóficas en su interpretación del estudio y el pensamiento de los sabios de la masonería, las «Conferencias sobre la filosofía de la masonería» del Dr. Roscoe Pound reflejan de manera admirable el ideal y el propósito sincero de la National Masonic Research Society, que acaba de reeditarlas en forma atractiva y práctica..

Las conferencias fueron preparadas en primer lugar para los miembros de la Fraternidad Acacia, la sociedad secreta universitaria compuesta de Maestros Masones. También fueron pronunciadas, en parte o en su totalidad, ante las Grandes Logias de Nebraska y de Massachusetts. Constituyeron la serie más notable publicada en el primer volumen de *The Builder*, y muchos de quienes las leyeron por primera vez en la revista estarán ahora felices de tenerlas en forma de libro compacto para el estante de su biblioteca.

El descontento del profesor Pound con los discursos triviales y sin rumbo que solían pronunciarse en las logias por parte de hermanos visitantes le llevó a proponerse ofrecer algo de verdadero valor cuando —como ocurría a menudo— se le pedía intervenir «para bien de la Orden». Estudioso riguroso, siempre en busca de principios fundamentales sobre los que construir, y abriendo en su propio campo de investigación jurídica un camino seguro que lo condujo finalmente a la cátedra de profesor Carter de jurisprudencia en la Universidad de

Harvard, encontró en el maravilloso mecanismo de la masonería la clase de inspiración para la investigación que apelaba poderosamente tanto a su naturaleza como a su formación filosófica.

De las cinco ramas del estudio masónico —Ritual, Historia, Filosofía, Simbolismo y Derecho— eligió aquella que se ocupaba de los fundamentos de la masonería. Y entonces, con amplias lecturas y rara intuición, preparó estas «Conferencias», que sin duda serán tenidas en alta estima por quienes, sin su paciencia, aplicación o energía constructiva, no se lancen a investigaciones individuales, pero recurran a sus páginas cuidadosamente redactadas para su propia ilustración.

En los títulos mismos hay una sutileza atrayente que cautiva desde el comienzo y que seguramente resultará estimulante para la mente reflexiva. Se revela la riqueza de materiales; se refleja la amplitud y profundidad de la indagación; se hace claro el desarrollo de la institución; se magnifica el carácter comprensivo de la masonería.

En Preston, Krause, Oliver y Pike se encuentran, sucesivamente, los exponentes de la masonería en su relación con la educación, con la moral y el derecho, con la religión, con la metafísica y el problema de la realidad. Y luego, culminante en su posición y de profunda significación para el masón de hoy y de mañana, está el estudio de la relación de la masonería con la civilización, un intento de responder a tres preguntas siempre presentes y apremiantes:

1. ¿Cuál es el propósito de la masonería?
2. ¿Cuál es su lugar en un esquema racional de la actividad humana?
3. ¿Cómo logra la masonería su fin?

La filosofía en sí misma no es un tema fácil. Sus problemas son vastos: la naturaleza de la realidad, la conducta de la vida, la relación del ser humano con el universo, son cuestiones que conducen la mente hasta el umbral de lo infinito. La terminología del estudio es difícil para el no iniciado o no entrenado. Pero pocos son los que atraviesan las puertas externas del Reino de la masonería sin que, en algún momento, mediten sobre estos temas y sientan el anhelo de la mente por la luz que los ilumine.

Interpretar el pensamiento de los filósofos masónicos y expresarlo en términos inteligibles para cualquiera que lea con cuidado y continuidad no es empresa menor; triunfar en ella es un logro singular. Esto es lo que el profesor Pound ha hecho.

Él ofrece al lector la llave de los misterios. El estudiante de los filósofos masónicos necesita «principalmente conectar el pensamiento masónico de estos maestros de la filosofía del Arte con el pensamiento general de la época y lugar en que trabajaron, y percibir los problemas planteados por la civilización de esos tiempos y lugares en su relación con los problemas éticos y sociales de hoy».

Ningún plan mejor que el de este volumen pudo haberse seguido para alcanzar ese ideal. Porque, en el caso de los cuatro filósofos estudiados, la historia de cada uno se acomoda en una suerte de molde: ¿Quién fue el hombre? ¿Cuáles fueron las características predominantes de la época en que vivió y pensó? ¿Cuál fue su concepción del significado de la masonería? La revisión de los detalles biográficos y del contexto histórico que implica responder a las dos primeras preguntas es tan sugestiva y estimulante que hace provechosa la lectura atenta de las «Conferencias» para cualquier masón, incluso si no se siente inclinado ni capacitado para seguir el pensamiento profundo que corresponde a la tercera.

La quinta conferencia surge naturalmente de las otras cuatro. Nadie puede conocer lo que Preston, Krause, Oliver y Pike pensaron, cada uno en su tiempo y generación, sin aplicar sus puntos de vista de la filosofía de la masonería a las condiciones actuales. Los tiempos cambian, y nosotros cambiamos con ellos. Lo mismo ocurre con nuestra institución. Si ha de tener un papel vital en los asuntos del siglo XX, debe relacionarse con el pensamiento del siglo XX. Pero es mucho más sencillo contemplar una historia concluida que interpretar claramente lo que está pasando por las mentes de los hombres contemporáneos.

No es improbable, por tanto, que el estudiante masónico del mañana, leyendo con complacida satisfacción las «Conferencias» de

Pound, encuentre su mayor valor en la discusión de la filosofía masónica de hoy, elaborada por un escritor de intelecto agudo, fuerza lógica y claridad de expresión como el autor. La Masonería de hoy alcanza su fin «por su insistencia en la solidaridad de la humanidad, por su insistencia en la universalidad y por la preservación y transmisión de una tradición inmemorial de solidaridad y de universalidad humanas».

Los tres siglos nos hablan del conocimiento, de la vida moral individual y de la vida humana universal. Es una historia de avance constante. Es el desarrollo acumulativo, constructivo y progresivo de la vida hacia «aquel divino y lejano acontecimiento, hacia el cual toda la creación se mueve». Por ello damos a este volumen de conferencias masónicas un alto rango en la literatura filosófica, convencidos de que encontrará creciente aprecio a medida que pasen los días y los años.

Y dado que fue escrito expresamente para estudiantes, sus páginas finales contienen una bibliografía cuidadosamente seleccionada y clasificada para alentar a aquellas almas diligentes que deseen, por sí mismas, hacer incursiones ocasionales en campos de investigación que, con certeza, ofrecerán ricos frutos al investigador.

Quien lee este libro aprecia cómo el profesor Pound ha cumplido aquella obligación asumida por el pequeño grupo que, con Benjamín Franklin como genio inspirador, formó la "Junto", cuyos miembros prometieron, con la mano en el corazón: «amar la verdad por amor a la verdad, buscarla diligentemente, y, cuando se la encontrara, darla a conocer a los demás».

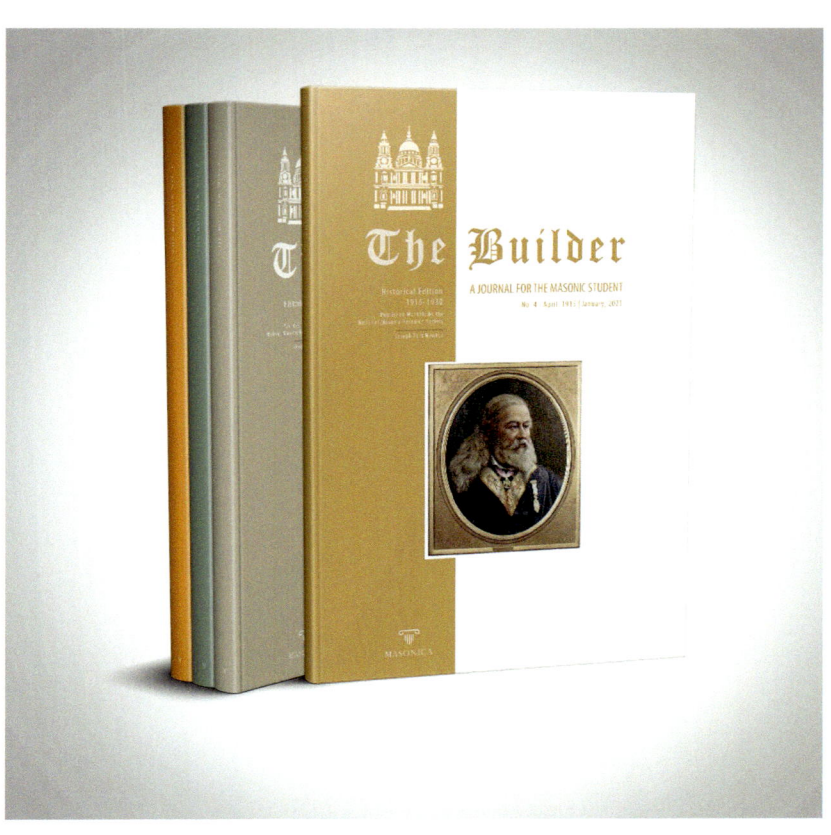

LEYENDAS DEL
REY SALOMÓN

Por el H∴ Geo. W. Warvelle, Illinois

A LO LARGO de todos los grados del sistema americano de la francmasonería corre una serie coherente y conectada de leyendas relativas al rey Salomón. En verdad, puede decirse con propiedad que él es la figura central y dominante del sistema: el eje alrededor del cual giran todos sus incidentes. En este escrito, sin embargo, me limitaré a tratar algunas de las leyendas tal como aparecen en los grados capitulares.

Para todo lo que sabemos acerca del rey Salomón dependemos de los libros de los Reyes y de las Crónicas. No existen registros contemporáneos, ni se le menciona en los libros anteriores escritos después de su tiempo. El libro de los Reyes, que en nuestra Biblia inglesa está dividido arbitrariamente en dos, fue escrito unos cuatrocientos años después de la muerte de Salomón, y la obra del Cronista no fue compuesta sino hasta más de seiscientos años después de aquel acontecimiento. El relato de Reyes es considerado por los eruditos bíblicos como la incorporación de una genuina leyenda salomónica, pero la narración posterior en Crónicas no se tiene por histórica, salvo en lo que toma directamente de la versión anterior.

Entre otras tradiciones masónicas existe una que afirma que, después de haber reinado muchos años sobre Israel, Salomón se volvió muy débil y se vio obligado a recibir asistencia de un modo peculiar. Sin negar en absoluto la veracidad de esta tradición, me inclino a preguntar: ¿con qué autoridad se sostiene? Ciertamente no con la Escritura, pues todo lo que se escribe acerca de sus últimos días es:

«Y durmió Salomón con sus padres, y fue sepultado en la ciudad de David su padre» (I Reyes 11:43; cf. II Crónicas 9:35). Cuándo, dónde o cómo murió; si de accidente, de enfermedad o de vejez, no lo sabemos. Aun así, dado que reinó durante cuarenta años, no es improbable, a la vista de su vasto establecimiento doméstico, que haya llegado a estar algo achacoso con los años.

En II Crónicas 9:29 se lee: «Los demás hechos de Salomón, primeros y postreros, ¿no están escritos en el libro de Natán profeta, en la profecía de Ahías silonita y en las visiones de Iddo vidente acerca de Jeroboam hijo de Nabat?».

¡Pero ay! Del libro de Natán jamás hemos tenido noticia, y de la profecía de Ahías el silonita somos igualmente ignorantes. Claro está, siempre cabe la posibilidad de que los redactores del grado de Past Master hayan tenido acceso a estos libros perdidos, o tal vez obtuvieron su información de los Inspectores Generales del Rito de Perfección, para quienes todo el conocimiento del mundo era como un libro abierto.

* * *

Si las Escrituras nos proporcionan escasa información relativa a los últimos días de Salomón, hay en cambio una abundancia de tradición de la cual podemos valernos. Según la Crónica de Abou-djafar Mohammed Tabari, Salomón alcanzó apenas los cincuenta y cinco años, y la mayor parte de su vida la dedicó a la construcción del templo. En esta obra fue grandemente asistido por los *Jinns* (genios), a quienes puso a su servicio. Y cuenta la historia que, hacia el final de su vida, visitaba con frecuencia el templo, permaneciendo allí un mes o más, enteramente absorto en la oración, y que mientras estaba de pie, con la cabeza inclinada en actitud humilde ante Dios, nadie se atrevía a acercarse a él.

Salomón sabía que el templo no estaba terminado, y que si moría, y los *Jinns* lo descubrían, cesarían de inmediato en su trabajo. Por ello, consciente de su cercano fin, rogó a Yahvé que, en caso de su muerte, el hecho se ocultara a los *Jinns* hasta que el templo quedara concluido. Y Yahvé escuchó la oración. Así murió Salomón en el templo, apoyado en su bastón, con la cabeza inclinada en adoración. Y su alma fue arrebatada tan suavemente por el Ángel de la Muerte, que el cuerpo permaneció erguido; y así quedó durante todo un año, de modo que quienes lo veían creían que seguía en profunda oración y no se atrevían a acercársele. Entretanto los *Jinns* trabajaron día y noche hasta que el templo estuvo terminado. Entonces el cuerpo cayó, y supieron que Salomón había muerto.

* * *

El grado de Muy Excelente Maestro (M.E.M.) nos presenta a Salomón en una de las facetas más agradables de su polifacética personalidad. Los principales incidentes del grado no son más que ampliaciones de la leyenda masónica y, pese a la introducción de la oración bíblica de dedicación, carecen de apoyo escritural. Con todo, dado que la oración, y su consecuencia, ocupan un lugar prominente en la ceremonia, podemos detenernos un momento a considerarla.

El relato más antiguo de la dedicación, tal como aparece en I Reyes 8, es considerado por los eruditos como una composición tardía. Dicen que esto se advierte en el hecho de que toda la narración está impregnada del espíritu deuteronómico, mientras que la oración puesta en boca del rey, por su estilo e ideas, es de siglos posteriores a la construcción del templo. Tampoco concuerda con el carácter de Salomón según las tradiciones más tempranas. Estas dan a entender que el verdadero Salomón no era una persona particularmente devota; que su culto a Yahvé, como Dios tribal, era más bien rutinario; que era tolerante con las creencias religiosas de quienes le rodeaban y fácilmente influido por ellas para mirar con favor el culto más sensorial de Moab y Amón. Especialmente cierto parece esto en lo que respecta a sus relaciones con las «mujeres extranjeras», que hallaban en él presa fácil.

El relato posterior, como se encuentra en II Crónicas 5-7, y que es empleado en el grado de M.E.M., está copiado en gran parte del libro de Reyes, pero con numerosas ampliaciones de ceremonias levíticas que no existieron hasta más de un siglo después del cautiverio. El episodio del fuego consumidor del cielo se halla solo en esta narración; no parece haber sido conocido por el autor del relato más temprano en el libro de Reyes.

* * *

El Salomón del grado de Maestro Masón es, por supuesto, imposible. En efecto, se admite generalmente que los incidentes del grado no pudieron ocurrir en la forma y manera en que los presenta el ritual. Y sin embargo, se lo considera justamente como una de las lecciones más impresionantes e instructivas de todo el currículo masónico. Me refiero al antiguo grado tal como lo enseñaban Cross, Sheville y Gould, y que durante medio siglo se confirió en los Capítulos de Illinois, más que a la versión debilitada de la conferencia que hoy damos bajo ese nombre. El único elemento escritural es la introducción de la Parábola del Padre de Familia en un modo que desafía todas las leyes del tiempo y del espacio. Esto, sin embargo, no disminuye en absoluto el valor simbólico del grado ni menoscaba la lección que imparte.

* * *

El nombre que empleamos en las leyendas masónicas se toma de la versión inglesa de las Escrituras. Este nombre sigue la forma griega hallada en el Nuevo Testamento y en Josefo. El latín *Salomo* corresponde a una de las varias formas variantes halladas en la versión griega del Antiguo Testamento conocida como la Septuaginta. La forma hebrea es *Shelomó* (de *Shelomón*) y significa «hombre de paz».

Su reinado se extendió aproximadamente desde el 995 hasta el 955 a. C. Fue un período de relativa paz y gobierno estable, con gran desarrollo material. A su muerte, el reino se desintegró y se fragmentó, pero la fama de su sabiduría y el esplendor de su corte se acrecentaron en las generaciones siguientes. Como monarca bajo cuyo gobierno el trono de Israel alcanzó su mayor gloria, esto quizá era natural, y el tiempo solo magnificó en la imaginación popular la talla de una figura tan notable. Así se convirtió y permaneció como el tipo por excelencia de magnificencia y de sabiduría.

Ahora bien, la palabra que usualmente se traduce por «sabiduría» significa más propiamente *habilidad en el gobierno*, aunque las leyendas rabínicas de fecha posterior ampliaron mucho este significado original. Por interpretaciones erróneas de ciertos pasajes de la Escritura, se le atribuyó soberanía sobre demonios (*Jinns*), así como sobre animales y aves, y el poder de entender su lenguaje. Es interesante notar, en este contexto, que gran parte de su sabiduría, así como su poder sobre demonios y dominio de los elementos, derivaban del hecho de que poseía un sello (anillo) en el cual estaba grabado el «gran e inefable Nombre». De este modo, la tradición rabínica sirve, en cierto modo, para dar apoyo a la tradición masónica.

EFICIENCIA MASÓNICA

Por el H∴ Chas. N. Mikels, P.G.M., Indiana

¡ES eficiente la masonería? ¡Bien! ¿Qué es la eficiencia? Hoy significa estudiar las cosas tal como son y luego hacerlas como deberían ser. Significa detener el despilfarro: despilfarro de mente, de alma y de cuerpo; despilfarro de tiempo, energía, dinero y oportunidad. Significa diagnosticar la enfermedad, hallar la cura y luego aplicarla.

Significa el análisis más minucioso e investigación en lo personal, lo empresarial, lo cívico, lo religioso, lo fraternal y lo doméstico; hacer inventario y valoración de ti mismo y de tus instituciones en esas varias líneas de relación; curar todos los defectos en esas líneas lo más completamente posible, con los mejores métodos posibles, ya sean individuales u organizados.

Webster no reconocería esta palabra si volviera a la tierra hoy. No más del diez por ciento de la población del mundo le ha prestado alguna vez atención, y nunca lo hizo hasta hace poco.

Hubo una palabra parecida hace mucho tiempo, pero no alcanzaba a mover a los hombres. Este invierno hubo más rastrojos de maíz bajo la nieve que nunca antes. Han existido otras palabras, tales como «luz», «verdad», «progreso», «fidelidad», «honor», pero ninguna de ellas ha «pulsado el botón» lo bastante fuerte para atraer atención considerable. Carecen de «ímpetu», de fuerza, de transmisión; no viajan con rapidez. No han proporcionado ninguna «cura Keeley» para los hábitos de descuido, negligencia e indiferencia, para los hábitos de disipación de mente, alma y cuerpo.

La eficiencia es un **Hiram Abif moderno**. Es un arquitecto que remodela estructuras imperfectas; que construye nuevas estructuras de manera adecuada y eficaz; que planea la idoneidad en todas las cosas. Es autor de la perfección en el propósito, mejorador de métodos, conservador de tiempo, energía, dinero y oportunidad. La eficiencia nunca causa confusión por carecer de diseños en la plancha de trazar.

Olvidamos que Dios mismo inicia ciertas cosas. Él inició la «Verdad», pero jugamos a las canicas con ella. Inició la «Evolución», pero le echamos el freno. Inició el «Futuro», pero vivimos en el pasado. Inició nuestra capacidad de pensar, pero nos conformamos con girar la manivela del fonógrafo, repitiendo los pensamientos de hombres muertos. Dios inicia muchas cosas, pero las dejamos agotarse.

Esta palabra **Eficiencia** es una palabra de Dios. Es su escuadra de propósito; su calibre de espíritu; su plomada de práctica; su nivel de método. Es su mazo común, con el cual golpear las aristas de un propósito sin energía y de una práctica impotente, para que encajen y encajen hoy.

No tiene sentido buscar en los diccionarios la definición moderna de Eficiencia, porque los diccionarios no comprendían la palabra. El mundo ha cambiado su significado en los últimos tiempos. Ayer tenía un sentido general; hoy tiene un uso específico. Ayer era teórica; hoy es práctica. Ayer dormitaba; hoy te abre los ojos. Ayer se aplicaba solo a los resultados; hoy no olvida los métodos. Ayer era suave; hoy es un aguijón, un estímulo. Hoy esta palabra está viva, decidida, inquisitiva, agresiva, progresiva.

No hace falta quemar aceite de medianoche ni revolver estanterías polvorientas para entenderla. Significa «ir directo al grano» en cada detalle de la vida, porque la vida es demasiado corta y demasiado valiosa para permitir desperdicio.

Hace diez años, Eficiencia era un cascarón de palabra; ahora es un poder apremiante. Hoy es el resorte principal de la acción. Es dinámica. No puedes esquivarla. Está detrás de ti y de cada movimiento que haces. Tus vecinos y competidores conocen el grado exacto de tu ineficiencia mejor que tú mismo.

La eficiencia es la mejor amiga del mundo. Está trastocando talleres. Está desarraigando hábitos erróneos. Está arrojando teorías predilectas al montón de chatarra. Te obliga a mirarte a ti mismo y a tu obra en un espejo sin defectos. Te hace apartarte y observarte pasar. Te obliga a definir las cosas con precisión. Derriba hitos falsos. Sistematiza. Te hace pensar, estudiar, comparar, observar, concluir, querer y actuar. Te hace pensar en presente y no en pasado. Estandariza lo que debe perdurar y consume peculiaridades.

La eficiencia es un signo de interrogación perpetuo. No da nada por sentado. Para ella nada de lo que existe es correcto hasta que se prueba de nuevo. Ese es el derecho de cada generación. No le interesa el pasado, salvo para probar las ruedas del presente. Aprueba lo que funciona. No es escéptica, pero es «de Misuri» y exige que se le muestre que lo que se dice correcto es realmente correcto.

No es iconoclasta, rompiendo con martillos conservadores los ídolos mentales de los ancianos. No es la bandera de la juventud en manos de un juicio inexperto. Es un reto a un festín de pensamiento. No se ciega con sentimentalismos. Cierra fugas, tapa agujeros, coloca cojinetes en las ruedas bamboleantes del progreso. Te obliga a apartarte de la simple copia. No se contenta con ser calco de ayer, errores junto con verdades.

La eficiencia es la palabra práctica de progreso del hombre maduro. No es talismán de soñadores ni palabra predilecta de durmientes intelectuales. Es el **eslogan de la Vida**, no el epitafio de la Muerte. No tiene tiempo para vivacs. Es el grito de guerra en la línea de batalla de la felicidad. Es el *Beauséant* de la evolución, de la verdadera prosperidad. Es un lema para la edificación del carácter.

Significa conservación de energía; rectitud de propósito; vigilancia eterna contra la indolencia. Apunta al blanco de fines perfectos. Dispara con fusil y no dispersa como la escopeta. Pone un golpe en la fuerza. Pone hierro en la voluntad. Pone aceite en los engranajes del cerebro. Pone tiro forzado en los hornos del corazón. Levanta vapor.

Significa reparar sistemas; modificar métodos. Significa iniciativa en vez de costumbre. Significa fuerza de pensamiento en lugar de repetición. Significa muchos cambios. No hay nada de «inmovilismo» en ella hasta que el veredicto de «absolutamente correcto, probado de nuevo» sea devuelto por el jurado de los corazones modernos. Quiere luz, más luz, más luz aún, y usa una lámpara Mazda en vez de una vela de sebo mientras trabaja.

La eficiencia comprueba si las cosas están superadas y tiene el valor de descartarlas. Abre las tumbas de propósitos muertos y provoca una ascensión de intenciones resucitadas. Encuentra una verdad ahogada y la trasplanta. Encuentra fragmentos dispersos y los articula. Emancipa espíritus de las cadenas de la costumbre. Sabe la diferencia entre una cabeza nacional y un ganglio estatal.

Nada puede escapársele. Se aplica a iglesias y fábricas, a órdenes fraternales y a campos de maíz, a transporte y escuelas, a predicador y feligrés, a Maestro y miembro, a hombres y mujeres, a ti y a mí. Tómalo en cuenta y gobiérnate en consecuencia.

Nada es tan oscuro como para escapar a su prueba ácida. Nada es tan prominente como para eludir su examen. Está desalojando a hombres de puestos de poder en la Iglesia y el Estado, en el comercio y la industria, en órdenes fraternales y en navíos. Está arrebatando la marchita corona de prestigio y de posición. Está cortando salarios no merecidos. Este duende de la Eficiencia «te atrapará si no estás atento». «Atrapará» tus pasatiempos favoritos, tus hábitos queridos, tus costumbres sagradas, tus hitos falsificados.

Una cosa es segura: la masonería ha de someterse a la prueba de esta palabra como si fuese una fábrica de jabón. ¿Existe un alto grado de eficiencia masónica? Toma el espíritu de esta palabra y aplícalo a ti mismo y para ti mismo. Haz un poco de pensamiento propio. Tienes las pruebas a tu alrededor para confirmarlo o negarlo en uno u otro sentido. Deja de trasladar la responsabilidad de pensar a otra persona. Ten valor y piensa, y piensa en voz alta también.

No hay mucho pensamiento riguroso. Hay una diferencia entre un «líder» y un «funcionario». El cargo aparente, al menos el acostumbrado, de un funcionario es mantener y administrar las cosas tal como son. Una cantidad razonable de esto es conservadora, pero demasiado de ello es muerte. La estricnina en dosis adecuadas es estimulante y medicinal, pero en exceso resulta fatal. No puedes esperar progreso de los funcionarios por la propia naturaleza de las cosas.

Existen tanto lealtad indebida como temor indebido hacia los funcionarios. Existe tanto alabanza indebida como crítica indebida hacia los líderes. El funcionario medio ha «amedrentado» por completo a la gran mayoría de los miembros. Los miembros tienen la culpa por no afirmar su derecho a pensar y desear.

Hay dos clases de masones, tanto laicos como oficiales. Primero, aquellos que creen que la palabra «Futuro» significa una repetición de Ayer. Segundo, aquellos que creen que Ayer es un maestro conservador del cambio y la evolución. Ayer, consultado debidamente, es un excelente servidor de la Eficiencia, pero Ayer no es ni el «jefe» ni el fetiche de la Eficiencia. Una clase cree que nada vale la pena si no resiste la prueba de la idoneidad vital para hoy.

Parece fuera de duda que la Verdad Masónica es potencialmente eficiente. La Verdad es eterna. No tiene ayer, hoy ni mañana. Es perpetuamente joven. Nunca se vuelve absoluta. Su paso es largo y firme. Un pie descansa en el suelo seguro de Ayer. Un pie alcanza el suelo seguro de Mañana. Pero el Corazón de la Verdad está «a plomo» sobre los corazones humanos de Hoy.

No tiene sentido negarle a la Eficiencia el derecho de comprobar si el método y la práctica masónicos son lo que podrían ser y, por tanto, lo que deberían ser. No puedes impedirlo.

Cada silla vacía en una logia está emitiendo un veredicto de ineficiencia de algún tipo. No puede ser respecto a la Verdad. Debe ser en nuestros métodos o en nuestro espíritu.

Sabes tan bien como yo que en mil paredes de mil logias aparecen las misteriosas palabras: «Mené, Mené, Tekel, Uparsin»: «Has sido pesado en la balanza y hallado falto». No pueden resistir la prueba de la eficiencia. Los oficiales de la antigua Babilonia no lo vieron a tiempo. Perdieron su importancia bajo el nuevo régimen. Durmieron demasiado tiempo en el regazo del hábito.

Se necesitarán muchos Danieles modernos —y puede que tú seas uno de ellos— dispuestos a ser arrojados al horno ardiente de la crítica y al foso de los leones del ridículo, para traducir este veredicto de ineficiencia en progreso moderno. ¿Tienes el valor de un gran propósito masónico? Tenemos bastantes propósitos pequeños. Piensa en uno grande. ¿Eres leal a la Lógica de la Verdad? Síguela. Piensa.

¿Es la masonería, tal como se aplica, eficiente?

EL AMOR NUNCA FALLA

(George Matheson, cuyos versos son estos, fue quedando ciego poco a poco, y a medida que la oscuridad se profundizaba, muchas dudas turbaron su mente. Cayó en lo más hondo de la desesperación, y cuando había dejado ir su fe en Dios y en la inmortalidad, sintió el tirón en su corazón de Algo que no lo dejaba ir. De ahí nació este sublime himno al Amor y a la Vida eterna. Cuando murió, junto a la tumba se alzaba un gran emblema floral: un cuadrado blanco en el que las dos últimas líneas de este himno estaban escritas con capullos de rosas rojas. – El Editor).

Oh Amor que no me dejarás partir,
en Ti descanso mi cansada alma;
te devuelvo la vida que debo,
para que en las profundidades de Tu océano su fluir
sea más rico, más pleno.
Oh Luz que sigues todo mi camino,
te entrego mi titilante antorcha;
mi corazón devuelve su rayo prestado,
para que en el resplandor de Tu sol
su día sea más brillante, más hermoso.
Oh Gozo que me buscas a través del dolor,
no puedo cerrar mi corazón a Ti;
trazo el arco iris en medio de la lluvia,
y siento que la promesa no es en vano:
que la mañana será sin lágrimas.
Oh Cruz que levantas mi cabeza,
no me atrevo a pedir huir de Ti;
dejo en el polvo muerta la gloria de la vida,
y de la tierra brota roja
la Vida que será sin fin.

«Las compensaciones de la calamidad se hacen evidentes tras largos intervalos de tiempo. Los años seguros revelan las profundas fuerzas remediales que subyacen en todo hecho».
Emerson

LA BIBLIOTECA

SÓCRATES, MAESTRO DE VIDA

Flaubert solía decir que el hombre no es nada; la obra, todo. Con esto no estamos de acuerdo, y menos aún después de leer la historia de aquel Sabio a quien Shelley llamó «el Cristo de la antigua Grecia», en ese brillante librito, *Sócrates, Maestro de la Vida*, de W. E. Leonard. No hay exaltación al leer tal historia, sino solo una humildad que postra. Y hay también tristeza, una tristeza como la que cae sobre uno en presencia de un Maestro de los temores, pasiones y vicisitudes que nos acaecen aquí abajo. Al pensar en aquel hombre verdaderamente grande y noble, y en la vida que vivió, uno siente que las palabras del poeta pueden aplicársele mucho mejor a él que a David, de quien fueron escritas:

«Grande, valiente, piadoso, bueno y puro,
sublime, contemplativo, sereno,
fuerte, constante, amable, sabio».

Con todo, era muy humano este hijo de Sofronisco, el cantero, como el autor nos lo muestra en su esbozo demasiado breve. Los materiales, por supuesto, son escasos. Naturalmente, sus amigos, que conocían su vida, dejaron registro solo de su pensamiento, y él mismo, siendo sabio, jamás escribió un libro. Era feo y vestía con descuido, y rara vez se lavaba. Iba descalzo, incluso en las nieves invernales, y era fuerte y resistente, además de valiente —¿acaso no fue un buen soldado?—. Se casó con Jantipa, la pendenciera, y dejó dos hijos, aunque nada se supo de ellos. Ella solía arrojarle agua sucia cuando volvía tarde por la noche. Cuando se le preguntó por qué se había casado con tal víbora, respondió que si podía soportar a Jantipa podría aprender a soportar cualquier cosa. Amaba a la gente, y fue uno de los más grandes conversadores que ha conocido la humanidad.

Si hay melancolía en su memoria, no hubo tristeza en su vida. ¿Cómo podría haberla? Fortalecido por su filosofía, sabía que la melancolía es locura, ardid de un duende maligno. Fue un anciano jovial, presto a recibir una broma o a devolverla, siempre preguntando y profesando no saber nada. Enseñaba a los jóvenes de Atenas que el alma de todo mejoramiento es el mejoramiento del alma. «Haz cada acto, piensa cada pensamiento conforme al simple principio de la virtud», decía, «y estarás entonces fortificado contra todos los temores de la vida y de la muerte, pues ningún verdadero mal puede sucederle a un hombre bueno, ni en esta vida ni después de la muerte». Eso fue lo que enseñó, y así vivió; de modo que no es de extrañar que Jenofonte pudiera escribir de él: «Nadie en la memoria de los hombres inclinó la cabeza más bellamente ante la Muerte».

Nuestro autor compara a Sócrates con Cristo, como lo hizo Shelley, procurando aclarar el lugar del filósofo en «este negocio multitudinario de la salvación». Para quienes se interesen en la enseñanza del sabio descalzo hay un capítulo lleno de sustancia. El autocontrol, el equilibrio, la mesura fueron la virtud cardinal de Sócrates. Pensaba menos que nosotros, al parecer, en cumplir con el deber a contracorriente; pues, si tenemos la idea correcta de nuestro deber, no hay corriente en contra: su cumplimiento es natural. Para nosotros, la fascinación de Sócrates está en su personalidad, en su dominio valiente, sereno, alegre y sabiamente juguetón de la vida. No es de extrañar que Erasmo quisiera darle un lugar entre los Santos y apenas pudiera contenerse de decir: «¡San Sócrates, ruega por nosotros!»

CONFUCIO

De Grecia a China hay un largo camino, y sin embargo Sócrates y Confucio no estuvieron muy distantes en el tiempo, y uno siente que se habrían entendido de haberse encontrado.

Confucio murió en su septuagésimo tercer año, 479 a. C., murió sin honores, sintiendo en los últimos latidos de su corazón debilitado que sus ruegos por justicia, verdad, laboriosidad, autodominio, moderación y paz habían sido desoídos. Lo que enseñó se resume admirablemente en *La Ética de Confucio*, de M. M. Dawson, con prólogo de Wu Ting Fang; un cuerpo sólido de verdad sabia y fecunda que muestra «cómo atravesar la vida como un caballero cortés». Su idea central es que todo hombre normal alberga la aspiración de convertirse en un Hombre Superior —superior a sus semejantes, si es posible, pero antes que nada superior a su propio pasado y a su yo presente—.

También a Confucio se le ha comparado con Cristo, porque enseñó el Gran Principio de la reciprocidad: «Lo que no quieres que te hagan a ti, no lo hagas a los demás»; lo cual dista bastante de la forma positiva en que Jesús lo expresó. Lao Tsé estuvo más cerca del Maestro de Galilea cuando enseñó: «Ama a tus enemigos». Se preguntó a Confucio acerca de esta enseñanza, dando lugar al siguiente diálogo:

—¿Qué dices del principio de que el daño debe recompensarse con bondad?

—¿Con qué, entonces, recompensarás la bondad? No, recompensa el daño con justicia y la bondad con bondad.

Lao Tsé cuenta con una feligresía mucho mayor en China, lo cual esta diferencia en sus enseñanzas explica en parte: los seguidores de Confucio pertenecen a la élite y a los eruditos.

Confucio fue un sabio, no un vidente. Mientras habla del arte de vivir, de la moral mental, de la cultura de sí, de las relaciones humanas en la familia y en el Estado, su visión es clara y sabia. Cuando se adentra en las relaciones superiores del alma, su visión se torna vaga, indefinida e incierta. Aun así, fue un noble maestro, sinceramente empeñado en guiar a sus semejantes por el recto —aunque nada fácil— camino que deben recorrer los mortales: «Busco la unidad que todo lo penetra».

LA RELIGIÓN DE LA MASONERÍA

«El mundo es grande, pero no demasiado grande para ser bendecido, si los hombres fuesen buenos. La peor guerra que el mundo jamás conoció aún ruge, pero hasta el niño más pequeño sabe que continúa únicamente por falta de amor. Hay muchas y diversas opiniones, pero en un tema todos los hombres buenos y sabios concuerdan. Este es: que la mejora de las condiciones del mundo depende, en última instancia, del reconocimiento universal, tanto en la creencia como en la conducta, de la Paternidad de Dios y la Fraternidad de los hombres. Una de las instituciones más antiguas del mundo, la mayor, más influyente y benéfica, que profesa y practica estos principios, es la francmasonería. Esta contribución a su obra y a su valor está dedicada a aquellas Grandes Logias que, leales a los antiguos linderos, mantienen la Biblia sobre sus altares, adoran a Dios y elevan a los hermanos. Amén. Así sea».

De este modo el Hermano George R. Van De Water, Gran Capellán de la Gran Logia de Nueva York, dedica su sermón sobre «La Religión de la masonería», pronunciado el domingo 28 de noviembre de 1915 en la iglesia de San Andrés, Nueva York. Es uno de los mejores sermones masónicos que hemos leído en muchos años, noblemente formulado, directo al punto, ardiente con el fuego de una fe apasionada, intrépido y libre de espíritu, e intensamente práctico. Si dudas de ello, escucha:

«Asistir a la logia es insuficiente para el progreso masónico. Uno puede recibir grados y no avanzar nada. Puedes aprender todo el trabajo y no aprender nada de su valor. Un hombre en la iglesia, así como en la logia, puede convertirse en un magnífico ritualista y seguir siendo un sensualista empedernido. La estética, por sí sola, no es mejor que la gimnasia para elevar y ennoblecer el alma humana. Nadie que lo intente fracasa, pero a menos que un hombre se esfuerce él mismo, todo lo que Dios pueda hacer por él equivale a nada, en lo que toca al carácter personal. Todo en la masonería tiende hacia la bondad. Un buen masón es un hombre bueno: un ayudador en el tiempo de necesidad, recto, y un cordial buen camarada en la alegría. Un mal masón desafía la definición. Traiciona su confianza, perjudica su causa, mancha la fama de la Orden y acarrea oprobio a una institución que merece simpatía y apoyo».

DISEÑOS DE CONSTRUCCIÓN

A menudo oímos decir que la masonería permite a quienes la comprenden viajar en países extranjeros. Es ciertamente verdad que un estudio inteligente de la masonería saca al individuo de su propia esfera estrecha y, al darle una visión más amplia, le permite viajar en aquellos reinos lejanos del pensamiento, donde ninguna voz discordante estropea la armonía de la ley eterna. En la mente de cada hombre existe un universo tan grandioso que en realidad es un reflejo de los grandes planos del Gran Arquitecto del Universo. La Masonería abre el camino y despliega los misterios maravillosos. Es en este sentido psicológico superior que la masonería permite a quienes siguen sus preceptos viajar en países extranjeros.

SALARIOS

Aprendemos también que la masonería permite al viajero trabajar y recibir salarios de maestro, con lo cual queda mejor capacitado para sostenerse a sí mismo y a su familia y contribuir al alivio de los dignos necesitados. Por salarios, sin embargo, no se entiende solo recompensas de naturaleza puramente financiera. Al estudiar el sistema masónico de simbolismo, el masón aprende a leer las leyes de la Naturaleza y aplicarlas para su propio bien. Esto lo hace de más valor para el mundo y para sus semejantes, y al ser de más valor, recibe más por sus servicios. La ley infalible de la compensación, el Ojo que todo lo ve, penetra en lo más íntimo del corazón humano y recompensa según el mérito. Es en este sentido que el Maestro Masón trabaja y recibe salarios de maestro.

¿UN MAESTRO MASÓN?

Las enseñanzas de la masonería no se revelan, sus secretos no pueden ser arrancados; ningún hombre puede recibirlos hasta que esté preparado para ellos. La toma de las obligaciones de Maestro Masón no hace a un Maestro Masón. La Masonería señala a la Biblia como la Gran Luz para la guía, y a las Artes y las Ciencias como valiosas en sí mismas y en sus sugerencias de la gran fuerza que está detrás de ellas. Una concepción de esa fuerza, una habilidad para estudiar por símbolo, para demostrar lo desconocido mediante lo conocido, con la misma conclusividad con que el geómetra demuestra el problema desconocido por el axioma y la proposición ya probada, eso es lo que convierte al individuo en un Maestro Masón.

ARTÍCULOS DE INTERÉS

La Masonería como vínculo social, por el obispo D'Arcy. *London Freemason.*

La Orden de Orange, por J. L. Carson. *Virginia Masonic Journal.*

La dedicación de la logia, por F. C. Higgins. *Masonic Standard.*

Thomas Mason Harris, Gran Capellán, 1796. *New England Craftsman.*

Una Gran Logia General, por W. W. Clark. *Illinois Masonic Review.* Doscientos años de Templarismo, por D. O. Scott. *American Tyler-Keystone.*

La música y su relación con la masonería, por R. Hawridge. *The Trestle Board.*

Los negros y la francmasonería, por H. A. Williams. *American Freemason.*

El Camino del Peregrino, por H. J. Strutton. *Occult Review.*

LIBROS RECIBIDOS

The Way of Divine Union, A. E. Waite. Wm. Rider & Son, Londres. $1.75.

The Meaning and Value of Mysticism, E. Herman. The Pilgrim Press, Boston. $1.75.

The Ethics of Confucius, M. M. Dawson. G. P. Putnam's Co., Nueva York. $1.50.

Songs for the New Age, James Oppenheim. *Century.*

The Appeal of Masonry, H. G. Smith, Glencoe, Ill.

Solomon and the Temple, C. P. Benedict, Indianápolis, Ind.

The Religion of Freemasonry, G. R. Van De Water, Nueva York.

PREPARACIÓN

«No hay nada en los asuntos civiles más sujeto a error que la justa valoración y verdadero juicio acerca del poder y las fuerzas del Estado. Ciudades amuralladas, arsenales y depósitos de armas, nobles razas de caballos, carros de guerra, artillería y demás: todo ello no es más que una oveja con piel de león, si la raza y disposición del pueblo no son firmes. Es más: el número mismo en los ejércitos importa poco, cuando el pueblo es de ánimo débil; pues, como dice Virgilio, nunca preocupa al lobo cuántas ovejas haya».

– Lord Bacon

CORRESPONDENCIA

CLARENCE BOUTELLE

Querido Editor: He notado en su número de agosto una consulta sobre Clarence M. Boutelle, autor de *El Hombre del Monte Moriah*. Su respuesta era correcta hasta cierto punto. Conocí al H∴ Boutelle en Marshall, Minnesota, donde murió, y daré al interesado un poco de información sobre este hombre.

Clarence Miles Boutelle, L.L.D., nació en New Hampshire en 1851. Llegó a Minnesota en 1859 con sus padres y se estableció en una granja del condado de Wabasha, cerca de Lake City. Llevó la vida habitual de un muchacho de campo hasta los 19 años, cuando complementó su trabajo agrícola veraniego con dos inviernos enseñando en una escuela rural. Luego ingresó en la Escuela Normal de Winona, donde destacó desde el principio y se graduó en 1872. Pasó después dos años en el Instituto de Tecnología de Massachusetts y regresó a Winona como miembro del claustro, enseñando matemáticas, química, psicología y otras ciencias durante nueve años. Más tarde enseñó en Rochester, Minnesota, y en 1885 fue elegido superintendente de las escuelas públicas en Decorah, Iowa, donde permaneció siete años. Posteriormente enseñó un breve período en la Escuela Normal de East Stroudsburg, Pensilvania, y en 1895 pasó a las escuelas de Marshall, Minnesota, donde permaneció hasta su fallecimiento.

El Prof. Boutelle estuvo activamente vinculado a universidades y escuelas normales, siendo cada año llamado a los cursos de verano de la Universidad como profesor. El 22 de julio de 1880 se casó con la Srta. Fannie C. Kimber, natural de Nueva York y graduada de la célebre Escuela Normal de Oswego. Ella era también miembro de la facultad de Winona, encargada de Métodos y Prácticas de Enseñanza, y había alcanzado renombre en el estado. Tuvieron dos hijas,

Anna y Louise, ambas estudiantes de la Universidad de Minnesota al momento de su muerte.

El Prof. Boutelle fue un devoto estudioso de la historia y usos masónicos, y como autor de literatura masónica alcanzó reputación amplia, siendo su obra de carácter sólido.

Iniciado en la masonería en la Logia Rochester No. 21 en 1885, fue admitido al año siguiente en la Logia Great Lights No. 181 de Decorah, Iowa, donde llegó a ser Venerable Maestro. En 1886 se exaltó en el Capítulo Rey Salomón No. 35 de Decorah, y sirvió dos años como Sumo Sacerdote. En 1887 fue armado Caballero Templario en la Comandería Beauseant No. 12 de Decorah, donde ocupó el cargo de Generalísimo. Fue además miembro fundador del Capítulo Decorah No. 73 de la O.E.S., donde también pertenecía su esposa. Era asimismo miembro de la Logia Odd Fellows Winneshiek No. 58 y de su Encampment No. 133, donde fue Primer Guardián y luego Patriarca Jefe.

Durante muchos años fue uno de los colaboradores más notables de *The Voice of Masonry and Family Magazine*. También escribió para *Leslie's Illustrated Weekly*, *Leslie's Popular Monthly*, *Peterson's Magazine*, *Godey's Lady's Book*, *Arthur's Home Magazine*, *Chicago Times*, *Chicago Tribune* y *The Current*. Su novela más extensa fue *El Hombre del Monte Moriah*, publicada primero en serie durante dos o tres años en *Voice of Masonry* y luego en libro. Otra novela, *El Hombre de Afuera*, apareció en *Leslie's Popular Monthly*, y también fue publicada en libro y dramatizada para el teatro.

El H∴ Boutelle fue sorprendido por la muerte repentinamente en su casa, la tarde del 16 de septiembre de 1903, después de haber asistido ese mismo día al funeral masónico de un hermano. Su cuerpo fue acompañado por masones y Odd Fellows hasta Lake City, Minnesota, donde la Logia Masónica local lo sepultó en el panteón familiar.

Atentamente,

E. E. Smith, Minn.

*(Agradecemos al H∴ Smith por esta semblanza del H∴ Boutelle, la prime-
ra publicada, hasta donde sabemos, pues responde a varias consultas y rescata la memoria de un hombre útil y capaz. Sus poemas y relatos masónicos –
en especial El Hombre del Monte Moriah– tuvieron amplia difusión y aún
se leen. Están llenos del espíritu de un hombre para quien la masonería sig-
nificaba ternura fraternal y belleza espiritual, y que supo manifestar esa fraternidad en su vida. Aquí tenemos otro ejemplo del valor de una sociedad
como la nuestra, que acerca a hombres distantes y preserva historias que de
otro modo permanecerían sin contar).*

THOMAS PAINE

Una de nuestras lectoras objeta una frase en el artículo del H∴
Brown sobre «El secreto del poder de Washington», considerándola
injusta para la memoria de Thomas Paine. La frase decía: «Paine escribió y habló; Washington oró y luchó». Tal vez el H∴ Brown no
pretendía hacer un reproche al autor de *Common Sense*, pero es evidente que la frase puede interpretarse de ese modo. Nuestra amiga,
aunque no es partidaria de Paine en lo teológico, insiste en que
Common Sense hizo casi tanto por la independencia americana como
la espada de Washington.

El propio Paine consideraba *Common Sense* como la gran obra de
su vida, pues en su tumba hay una sencilla losa en la que se lee:
«Thomas Paine, autor de *Common Sense*». Es cierto, además, que a
Paine se le debe el primer uso audaz de la palabra «Independencia»
en aquellas luchas; y también puede añadirse que fue el primero en
pronunciar las palabras «Estados Unidos».

En justicia hacia Paine, su defensora nos pide que ofrezcamos a
nuestros lectores un pasaje de la *Vida de Paine* de Calvin Blanchard,
que adjunta en su carta. El pasaje dice así:

«A fines del año 1775», escribe Calvin Blanchard en su *Vida de
Paine*, «cuando la Revolución Americana había progresado hasta las
batallas de Lexington y Bunker Hill, John Adams, Benjamin Rush,
Benjamin Franklin y George Washington se reunieron para leer los

terribles despachos que habían recibido. Tras hacerlo, permanecieron en silencio y sombríos. Finalmente, Franklin habló: "¿Cuál será el fin de todo esto? ¿Se trata de obtener justicia de Gran Bretaña, de cambiar el ministerio, de suavizar un impuesto? ¿O es para...?". Se detuvo; la palabra *independencia* aún ahogaba la garganta del más valiente que intentaba pronunciarla.

»En ese momento crítico entra Paine. Franklin lo presenta y él toma asiento. Conocía bien la causa del abatimiento general y rompió el profundo silencio diciendo: 'Estos Estados de América deben ser independientes de Inglaterra. ¡Esa es la única solución de esta cuestión!'. Todos se pusieron de pie ante esa blasfemia política. Pero, sin arredrarse, continuó; sus ojos se encendieron con fuego patriótico mientras describía el glorioso destino que América, considerando sus vastos recursos, debía alcanzar, e instaba a aquellos hombres a prestar su influencia para rescatar al Continente Occidental de la absurda, antinatural y retrógrada situación de ser gobernado por una pequeña isla a 3.000 millas de distancia.

»Washington dio un paso al frente y, tomando ambas manos de Paine, le rogó que publicara esas ideas en un libro.

»Paine fue a su habitación, tomó la pluma, olvidó todo lo demás, trabajó sin descanso, y en diciembre de 1775 las palabras tituladas *Common Sense*, que provocaron la Declaración de Independencia y enfrentaron tanto al pueblo como a sus líderes con la tarea que debían cumplir, salieron a cumplir su misión. 'Ese libro', dijo el Dr. Rush, 'brotó de la imprenta con un efecto raramente producido por tipos y papel en cualquier época o país'».

LA MASONERÍA EN PÚBLICO

Querido H∴ Newton: He terminado de leer su libro *Los Constructores* y estoy muy complacido con él. Es justamente el libro que hubiera deseado tener cuando fui iniciado, y creo que toda Logia debería estar interesada en ilustrar a sus jóvenes miembros dándoles *Los Constructores*.

Cuando un hombre es hecho masón surgen inevitablemente preguntas: ¿qué es la masonería?, ¿cuándo y dónde se originó?, ¿cuál es su propósito? Y a menos que se le ponga en el camino correcto desde el inicio, es muy probable que llegue a considerarla como una mera sociedad de la cual es miembro.

En el capítulo sobre la masonería Universal encontré lo siguiente:

«El día de San Juan, 27 de diciembre de 1777, la Logia Antiquity de Londres, de la que Preston era Maestro —una de las cuatro logias originales que formaron la Gran Logia— asistió en cuerpo a la iglesia para escuchar un sermón de su Capellán. Se revistieron en la sacristía y marcharon a la iglesia, y después del servicio regresaron al Salón vistiendo sus ornamentos masónicos. Surgió entonces diferencia de opiniones acerca de la regularidad del acto, Preston sosteniendo que era válido, si por ninguna otra razón, en virtud del derecho inherente de la Logia Antiquity. Tres miembros objetaron su resolución y apelaron a la Gran Logia, y él, imprudentemente, borró sus nombres de la lista de miembros de la Logia. Finalmente la Gran Logia tomó el asunto, resolvió contra Preston y ordenó la reincorporación de los tres hermanos».

¿Debo entender por esto que en aquella época no era costumbre que las logias asistieran en cuerpo a actos públicos o religiosos? ¿No existe registro de reuniones públicas anteriores de masones en cuerpo?

Sinceramente y fraternalmente suyo,

H. W. Hutchings, Montana.

(Las procesiones públicas de la Fraternidad fueron frecuentes en los primeros tiempos tras la «revitalización» de 1717, con sólida base en la costumbre. La primera de la que se tiene registro ocurrió el 24 de junio de 1721. De ella dice Anderson: «Payne, Gran Maestro, con sus Vigilantes y antiguos Oficiales, y los Maestros y Vigilantes de doce logias, se reunieron con el Gran Maestro electo en una Gran Logia en la taberna King's Arms, Churchyard de San Pablo, por la mañana, ... y de allí marcharon a pie hasta el Salón en debida forma y vestimenta». Anderson continuó registrando estas procesiones anuales durante unos veinticinco años, tras lo cual se comenzaron a realizar en carruajes. Esto dio lugar a burlas, con una procesión burlesca en 1747, lo que llevó a la Gran Logia a resolver unánimemente su supresión. Tal era el estado de las cosas en 1777, cuando se dio el incidente en la Logia Antiquity. El caso, además, se complicó por el acto arbitrario de Preston de borrar los nombres de los hermanos objetores. Quizás la Gran Logia, recordando su propia experiencia y la ridiculización sufrida, quiso proteger a la Orden de más escarnio. En todo caso, falló contra la doctrina de Preston del derecho inherente de la Logia Antiquity; pero la costumbre de las procesiones masónicas públicas fue luego restablecida tanto en Inglaterra como en este país. Véase «Procesiones» en la *Enciclopedia de la masonería* de Mackey).

«UN TRATO INJUSTO»

Mi querido Hermano y Editor: He leído con gran interés sus artículos en *The Builder* y me gustaría conocer su opinión sobre lo siguiente: ¿No es acaso un trato injusto para con nuestros desdichados semejantes, que han perdido un brazo o incluso una mano, negarles el privilegio de recibir los grados?

¿Acaso sus corazones no son tan sensibles como los nuestros y no son tan capaces de conformarse a las reglas de la Fraternidad como nosotros, los más afortunados?

En nuestra logia surgió el caso de un hermano muy digno que pidió los grados. Elevamos consulta a la Gran Logia solicitando una Dispensa Especial que nos permitiera conferírselos, pero debido a su desgracia —la pérdida del brazo derecho— se nos negó.

Otro caso, que vi personalmente, fue el de un buen ciudadano que me preguntó si, por haber perdido una mano a los dieciocho años, sería rechazado. Me vi obligado a responder que sí. Me dijo entonces que desde niño había soñado con hacerse masón al llegar a la mayoría de edad, pero que, al intentarlo, se le informó que no podía por su mutilación. Ha criado desde entonces a dos hijos, ambos masones, y resulta extraño que con un corazón como el suyo, y siendo todo lo demás favorable, no pueda encontrarse alguna solución.

Ruego escuchar la opinión de otros sobre este tema.

Fraternalmente suyo,

John L. Stafford, Kansas.

EL SOMBRERO DEL MAESTRO Y EL TÍTULO «VENERABLE»

He leído dos explicaciones acerca de por qué el Maestro usa sombrero y se le trata de «Venerable», pero ninguna me parece tan razonable como la que escuché de una fuente olvidada hace años. Según esta, hubo un tiempo en Inglaterra en que la Fraternidad era bastante impopular y, para evitar excesiva publicidad, se permitió a los hermanos reunirse en monasterios. En esa época muchos clérigos eran miembros de la Orden, y por cortesía común, los abades —cuando eran elegidos Maestros— solían presidir las logias llevando sus mitras, como era su costumbre. Se les trataba con el apelativo de «worshipful» (venerables). Así, tanto el uso del sombrero como el título habrían tenido un origen honorable y con una significativa base histórica.

El sombrero da dignidad, y el título debería llevar consigo una garantía de rectitud.

R. F. Kerr, South Dakota.